Angelika Wolk-Gerche
Spielzeug filzen

Angelika Wolk-Gerche

Spielzeug filzen

Verlag Freies Geistesleben

1. Auflage 2003

Verlag Freies Geistesleben
Landhausstraße 82, 70190 Stuttgart
Internet: www.geistesleben.com

ISBN 3-7725-2228-9

Fotos: Wolpert & Strehle, Dieter Wolk
Zeichnungen: Angelika Wolk-Gerche
Einband: Thomas Neuerer unter Verwendung
eines Fotos von Wolpert & Strehle
Druck: Westermann Druck, Zwickau

Inhalt

Zum Geleit 6

Die Wolle 7
Die Seife 8

Die Techniken 9
Flächiger Filz .9
Hohlfilz 12
Modellierter Filz 12
Schnüre und Kugeln 13
Wenn einmal etwas schief geht 14

Frühling 15
Frühlingsfee 16
Ostereier 21
Fünf kleine Häschen 21
Osternester 24
Großer Hase 24

Sommer 30
Zauberblume mit Blumenkind 30
Junges Filzgemüse 33
Schmetterlinge 36

Herbst 38
Pilzmännlein 39
Pilze 41
Blätterbeutel 42

Winter 44
Musik-Stern 44
Nikolausstiefel 45
Weihnachtsbaum zum Füllen 46
Baumschmuck 48
Iglu 48
Inuit-Puppen 50
Eisbär 54

Fürs ganze Jahr 57
Kasperle 57
Fingerpuppen 60
Herztaschen 62
Schmuck 66
Herz- und Blumenkette 68
Teddybären 71
Spiegeleier 79
Musik-Fisch 80

Zum Verkleiden
Jagdhund .83
Hase 85
Gockelhahn 87

Buchempfehlungen 89
Bezugsquellen 89

Zum Geleit

Vom friedlichen Schaf stammt sie, die Wolle!

Wie kein anderes vergleichbares Material hat sie die Fähigkeit, sich durch Reibung, Wärme und Feuchtigkeit in einen festen, haltbaren Stoff von hohem Gebrauchswert zu verwandeln. Darüber hinaus ist sie in der Lage, unter unseren geschickten Händen höchst unterschiedliche Formen anzunehmen – ein magisches Material!

Fingerringe, Zauberblumen, Spiegeleier, Fische, Sterne mit Musik, Iglus, Hasenkappen und noch vieles mehr, alles aus Handfilz, wird man beim Weiterblättern in diesem Buch entdecken. Es sind formschöne, nicht alltägliche und dabei strapazierfähige Spielsachen für Kinder unterschiedlichen Alters.

Die Anleitungen haben verschiedene Schwierigkeitsgrade. Sie richten sich an Eltern, Großeltern, Paten und Erzieher, die etwas Besonderes, Persönliches für ihre Kinder selbst gestalten möchten und sich gern handwerklich-künstlerisch betätigen. Vorkenntnisse sind nicht erforderlich. Kinder im Schulalter können das eine oder andere Stück durchaus selbstständig oder mit wenig Hilfe herstellen.

Und wer sich einmal mit dem Filzen, dieser faszinierenden, uralten Kulturtechnik angefreundet hat, kommt nicht so schnell mehr davon los: Es fallen einem ständig neue Sachen ein und das Erfolgserlebnis ist meist groß!

Die Biene und das Schaf

«Hast du wohl einen größeren Wohltäter unter den Tieren als uns?» fragte die Biene den Menschen. «Jawohl!» erwiderte dieser. «Und wen?» – «Das Schaf! Denn seine Wolle ist mir notwendig, aber dein Honig ist mir nur angenehm. Und willst du noch einen Grund wissen, warum ich das Schaf für meinen größeren Wohltäter halte als dich, Biene? Das Schaf schenkt mir seine Wolle ohne die geringste Schwierigkeit; aber wenn du mir deinen Honig gibst, muss ich mich noch immer vor deinem Stachel fürchten.»

Gotthold Ephraim Lessing: Fabeln, 3. Buch

Die Wolle

Zum Filzen eignen sich fast alle im Handel angebotenen Wollsorten. Besonders zu empfehlen sind u. a. süddeutsche Landschafwollen, Eider- und Bergschafwollen, Neuseeland-, Merino- und Milchschafwollen sowie deren Mischungen. Am zuverlässigsten filzen naturfarbene, nicht zu fetthaltige Wollen. Gefärbte Wollen filzen manchmal etwas schwerer. Das kann daran liegen, dass beim Beiz- und Färbevorgang die Schindeln am Faserstamm, die für das Verfilzen zuständig sind, beschädigt wurden. Filzt man diese Wolle z. B. auf ein naturfarbenes Vlies, kommt man jedoch wieder zu guten Ergebnissen.

Schafwollvliese

... gibt es in großflächigen, kardierten Matten zu kaufen. Eine Matte besteht aus dünnen, gut zusammenhängenden Schichten, die man gleichmäßig voneinander abheben kann. Ein Vlies enthält kurze und lange Fasern, die kreuz und quer liegen – beste Voraussetzungen zum Filzen. Vlieswolle wird bevorzugt zum Herstellen größerer Filzflächen und ganz besonders zum Modellieren und bei der Aufbautechnik verwendet, denn man kann Flöckchen und «Flicken» in genau dosierter Menge davon abzupfen.

Kardenbänder (links) und Vlieswolle

Kardenbänder

Hierbei handelt es sich um ein sehr langfaseriges, meistens hochwertiges (Spinnqualität) Material. Durch Kardieren oder sogar Kämmen liegen die Fasern größtenteils parallel zueinander. Zum Filzen legt man die Schichten kreuzweise übereinander, damit die Schuppen am Faserstamm die Möglichkeit haben, sich miteinander zu verhaken. Die Bänder müssen sehr gleichmäßig auseinander gezogen und schleierartig ausgebreitet werden, sonst entstehen Spalten oder dicke Strähnen im Filz. Die fertigen Filze aus diesem Material sind meistens sehr ebenmäßig, glatt und matt glänzend. Gleichmäßige Streifenmuster sowie lange, feste Schnüre kann man u.a. sehr gut daraus herstellen. Zum «Malen» mit Fasern wird langfaserige Wolle ebenfalls verwendet. Wellenlinien, Federn, Blütenblätter, Schwünge und Umrandungen und vieles mehr entsteht, indem man die Faser in warmes Wasser taucht und wie einen Pinselstrich auflegt. Auch die hochwertige, bei Filzern sehr geschätzte Alpaka-Wolle wird überwiegend in Kardenbändern angeboten. Sie ergibt besonders schöne, leichte Filze.

Was passiert beim Filzen?

Warmes Wasser bringt die Schindeln, Schuppen oder Häkchen, die den Wollfaserstamm ummanteln, dazu sich abzuspreizen. Durch Reibung, Druck und Zusatz von Seife dehnen sie sich noch mehr aus. Dabei verdrehen und verhaken sie sich miteinander. Bei Abkühlung schließen sich die Schuppen wieder und schmiegen sich sehr eng zusammen. Aus dem anfangs lockeren Wollbausch ist eine kompakte Filz-Masse geworden, die sich nun nicht wieder in ihren ursprünglichen Zustand zurückverwandeln lässt.

Die Seife

Zum Filzen benötigen wir Seife als alkalisches Gleitmittel. Man kann die Seife (Kernseife) in Form von Flöckchen oder Spänen auf die durchnässte Wolle aufbringen oder, besser noch, in warmem Wasser auflösen, damit keine Seifenklümpchen im Filz verbleiben. Viele Filzerinnen und Filzer arbeiten bevorzugt mit Goldschmierseife. Man rührt ca. 1 Esslöffel Schmierseife mit Hilfe eines Schneebesens in 1 Liter gut handwarmes Wasser ein. Ich selbst arbeite ausschließlich mit Marseiller Olivenölseife (600 g-Block, aus Naturwaren-, Naturkostläden), weil sie stark rückfettend ist und weder die Hände noch die Wolle auslaugt. Den Seifenwürfel in ein nicht zu tiefes Gefäß stellen, z.B. einen Suppenteller, ab und zu mit warmem Wasser übergießen. Im Teller sammelt sich eine wunderbare, geschmeidige «Seifen-Crema». Man kann die Fingerspitzen hineintauchen oder etwas davon direkt auf die Wollmasse gießen, mit der Handfläche oder dem Filzteil über den feuchten Würfel fahren und so sehr gut die Seifenmenge regulieren. Letztendlich möge jeder selbst herausfinden, welche Seife ihm am angenehmsten ist.

Das Spülen

So wichtig die Seife beim Filzen auch sein mag, zum Schluss muss sie ohne Rückstände wieder herausgespült werden, um den Fasern nicht zu schaden. Die fertigen Filzsachen dreimal in klarem Wasser ausspülen und ausdrücken, dem letzten Spülbad einen Schuss Essig zugeben. Die meisten Teile dürfen schadlos in der Waschmaschine ausgeschleudert werden. Anschließend klopft und drückt man sie in Form und lässt sie auf einem Handtuch trocknen. Achtung! Modellierte Tiere wie der Eisbär und der große Hase werden nur abgeduscht, niemals ausgedrückt und schon gar nicht in der Maschine geschleudert.

Die Techniken

Flächiger Filz

Filzplattenflächen und -flecken verwenden wir, um z. B. Formen daraus auszuschneiden, die dann auf einen anderen Filz aufgefilzt werden. In diesem Fall sollte die Filzplatte, «Vorfilz» genannt, nicht zu stark gefilzt sein, damit die Wolle noch genügend «freie Häkchen» hat, um sich mit einer neuen Schicht zu verbinden. Kleinere Flecken filzt man schnell zwischen den Handflächen. Für etwas größere Platten schneidet man sich als Formatvorgabe am besten ein Stück Karton zurecht, etwas größer als die gewünschte Filzplatte. Die Wolle in Schichten auf dem Karton verteilen, glatte Wollsorten

Formen aus «Vorfilz» ausgeschnitten >

(siehe «Kardenbänder») richtungsändernd aufbringen. In die Mitte einen kleinen See aus warmem Seifenwasser gießen. Mit seifigen Händen
von hier aus nach allen Seiten drücken und das
Wasser nach und nach über die gesamte Wolle
verteilen. Dann langsam und sehr zart reiben
und streicheln. Achtung! Die Wollmasse nicht
über das Format hinausschieben, sonst hätten
wir bald einen löchrigen, lappigen «Fladen,»
mit dem nichts mehr anzufangen ist. Daher
öfter einmal an den Kanten entlangfahren und
mehr von außen nach innen als umgekehrt
reiben. Je mehr sich die Wolle unter den Händen verdichtet, also filzt, umso kräftiger darf
massiert und gerieben werden, bis der Filz die
gewünschte Dichte erreicht hat.

In die Filzfläche kann auch ein Motiv inte-
griert werden. Dann entsteht ein *Filzbild*, wie
es besonders Kinder lieben und schon selbst
herstellen können. Siehe dazu die folgenden
Abbildungen!

1. Die Blüte wird aus U-förmigen kleinen Bögen geformt.

*2. Blüte mit dem «Gesicht» nach unten auf den Karton
legen, Stiel und Blätter anfügen.*

3. Das Ganze zuerst mit blauer, dann weißer Wollschicht bedecken.

4. In die Mitte warmes Wasser gießen, Hände einseifen und vorsichtig reiben und drücken.

5. Nach etwa 20 Min. Filzzeit kann das Bild vorsichtig gewendet werden.

6. Fertig!

Hohlfilz

Hohlfilze sind nahtlose, rundherum geschlossene Gebilde in den verschiedensten Formen. Sie haben, wie der Name schon sagt, einen Hohlraum in der Mitte. Man kann sie später mit ungesponnener Wolle füllen, Spieluhren hineinschieben, sie als Taschen und Hüte verwenden, Geschenke, Briefe und Glückbringer darin aufbewahren und noch vieles mehr daraus herstellen Die meisten der in diesem Buch vorgestellten Spielzeuge sind Hohlfilze. Der Hohlraum entsteht dadurch, dass die Wolllagen daran gehindert werden, in der Mitte zusammenzufilzen. Dies geschieht durch eine Schablone aus Pappe oder dickem Baumwollstoff, die dazwischen liegt. Die Schablone hat noch eine weitere, wichtige Aufgabe, sie dient nämlich als Formgeber. Die Wolle umschmiegt während des Filzens die Schablone ganz fest und nimmt dabei deren Form an. Während des Filzens muss die Form immer wieder mit der Hand umfahren werden, damit sie sich klar ausprägt Gut verfilzte Stücke kann man über einem Waschbrett gleichmäßig in alle Richtungen walken, dann werden sie stabiler. Beim Walken schrumpft das Stück noch einmal, denn die Wollschindeln rücken noch enger zusammen. Zum Schluss schneidet man den Filz an der richtigen Stelle knapp ein, fischt die aufgeweichte Pappe heraus und krempelt die Hülle um. Nun kommt die «schöne» Seite ans Licht. Hier wurde vielleicht ein Muster auf-

gelegt, das jetzt zuverlässig mit dem Hauptfilz verbunden ist. Auch diese Seite sowie die Schnittkanten leicht nachfilzen. Wenn nötig und möglich, mit der Hand in die Form fahren um Rundungen, Spitzen, Einbuchtungen etc. herauszuarbeiten.

Abbildungen und Arbeitsschritte siehe Seite 62 «Herztaschen».

Modellierter Filz

Die Herstellung eines plastischen, modellierten Filzkörpers, z.B. eines Tieres, erfordert Form- und Fingerspitzengefühl und ist nichts für Filz-Anfänger. Man benötigt keine Schablone und selten Nadel und Faden. Die Körper werden aus Schafwollvlies Schicht für Schicht frei aufgebaut, fast wie beim Modellieren mit Ton. Der Kern besteht meistens aus einem fest gerollten Vliesstück, an das alles andere angefügt, aufgestrichen, aufgeschichtet und sachte gefilzt wird, bis die gewünschte Figur entstanden ist. Die fertigen Figuren sind sehr haltbar und formbeständig. Wenn man sich z.B. eine biegsame, kleinere Figur wünscht, ist ein Drahtgerüst sinnvoll, das dann mit Wollschichten und -flöckchen umfilzt wird. Arbeitsschritte zum Thema modellierter Filz siehe «großer Hase» und «Eisbär», Seiten 27 f. und 55.

Schnüre

Filzschnüre in allen Farben und Stärken sind vielseitig zu verwenden, z.B. für Schmuck, zum Flechten und Applizieren, als Puppenhaare usw. Am besten eignet sich natürlich langfaserige Wolle. Hat man nur kurzfaseriges Material zur Verfügung, fügt man die Stücke zu einem Band aneinander und durchnässt es. Beim Filzen muss anfangs deshalb etwas vorsichtiger vorgegangen werden.

Und so wird's gemacht: Den durchnässten, seifigen Strang Zentimeter für Zentimeter mit den Fingern massieren und dabei etwas verdrehen. Anschließend vorsichtig wiederholt durch die Faust ziehen. Dann auf ein angefeuchtetes Frotteetuch legen und wie eine «Knetwurst» mit der flachen Hand rollen, bis die gewünschte Stabilität erreicht ist.

Kugeln

Aus Kugeln entstehen u.a. Puppenköpfchen, Früchte, Knöpfe, Schmuck. Dabei umlegt man kleine, feste Wollknäuel mit dünnen Wollschichten, taucht sie in warmes Wasser und rollt sie vorsichtig zwischen den Händen. Man kann auch verschiedenfarbige Schichten aufbringen, wenn man die Kugel später aufschneiden möchte. Siehe dazu Seite 16 «Frühlingsfee» und Seite 34 «Melonen». Um sie noch fester zu bekommen, kann man die fertig gefilzte Kugel dem 40°- oder 60°-Waschgang der Waschmaschine beigeben. Damit sie dabei nicht verloren geht, in einen Baumwollstrumpf einknoten. Filzkugeln sind die Ausgangsformen für Walzen-, Ei- und Zapfenformen.

Wenn einmal etwas schief geht ...

... sollte man nicht gleich den Mut verlieren, meistens lässt es sich noch retten!

Im Filz sind Löcher oder durchscheinende Stellen:
Zwischen den Handflächen schnell einen dünnen Flicken leicht filzen, mit ein paar Stichen (bei einem Hohlfilz von links) aufsetzen, die Stelle nachfilzen. Wenn der Filzprozess noch nicht allzu weit fortgeschritten ist, reicht es oftmals, etwas Wolle aufzulegen und sehr sachte aufzufilzen.

Es heben sich immer wieder Teile vom Filzstück ab:
Die Ursache hierfür liegt in den meisten Fällen darin, dass zu Beginn nicht zart genug gearbeitet wurde, man also zu früh zu energisch gerieben hat und (oder) zu wenig Seife verwendet wurde. Man kann diese Teile, sofern sie nicht zu groß und zu wichtig sind, einfach abschneiden oder aber mit Nadel und Faden nachbessern. In jedem Fall diese Stellen nachfilzen! Dann gibt es noch die Möglichkeit mit einem hauchzarten, neuen Wollschleier diese Bereiche zu überdecken und «kükenzart» aufzufilzen!

Die Musterfilz-Stückchen haben sich nicht mit dem Untergrund verbunden:
Mit Nadel und Faden nachbessern, nachfilzen. Wahrscheinlich waren die Stückchen selbst schon zu stark verfilzt, sodass sie sich nicht mehr mit der Wolle verhaken konnten, oder man war zu ungeduldig und hätte noch eine Weile weiterfilzen müssen.

Das Filzen geht nicht voran:
Vielleicht handelt es sich um eine schlecht filzende Wollqualität. Es kann auch daran liegen, dass die Wollmasse zu seifig und zu wässrig ist.

Frühling

Rumpf:

Nach der Skizze das Drahtgerüst für den Körper biegen.

An den Händen und Füßen die Drahtschlingen ein wenig aufbiegen und zunächst mit hautfarbener Wolle separat bewickeln, danach wieder zusammendrücken.

Arme und Beine nacheinander mit sehr dünnen Wollschichten umwickeln und umlegen. Jede neu aufgelegte Schicht mit warmem Wasser durchnässen und mit seifigen Fingerspitzen sacht anfilzen. Den Körper dabei sanft modellieren und aufbauen. Hand- und Fußgelenke bleiben zierlicher, Oberarme und Oberschenkel werden etwas rundlicher.

Frühlingsfee
(modellierter und flächiger Filz, Filzkugel)

Material:
Märchenwolle in verschiedenen Blautönen und hautfarben; weiße ungesponnene Wolle; Tüll aus dem Stoffgeschäft, ein Stück von ca. 30 x 25 cm; ganz wenig weiße Seide oder Ramie, ungesponnen als Haare; Veloursdraht für das Innenleben der Figur (Bastelgeschäft); Nähnadel; Faden; Puppenkopfnadel; etwas blaue und rote Nähseide (Augen und Mund); blauen und roten Buntstift.

Zur Orientierung: Die abgebildete Elfe wiegt insgesamt 20 g.

Nach dem Bewickeln Drahtschlinge wieder zusammendrücken und eine dünne Lage über die Hand spannen, filzen!

Rumpf und Oberarme aus weißer Wolle in dünnen Schichten aufbauen, durchnässen, einseifen, sachte modellieren.

Hände und Beine aus hautfarbene Wolle – wie oben.

Draht-Unterbau (rot = Inuit-Puppe)

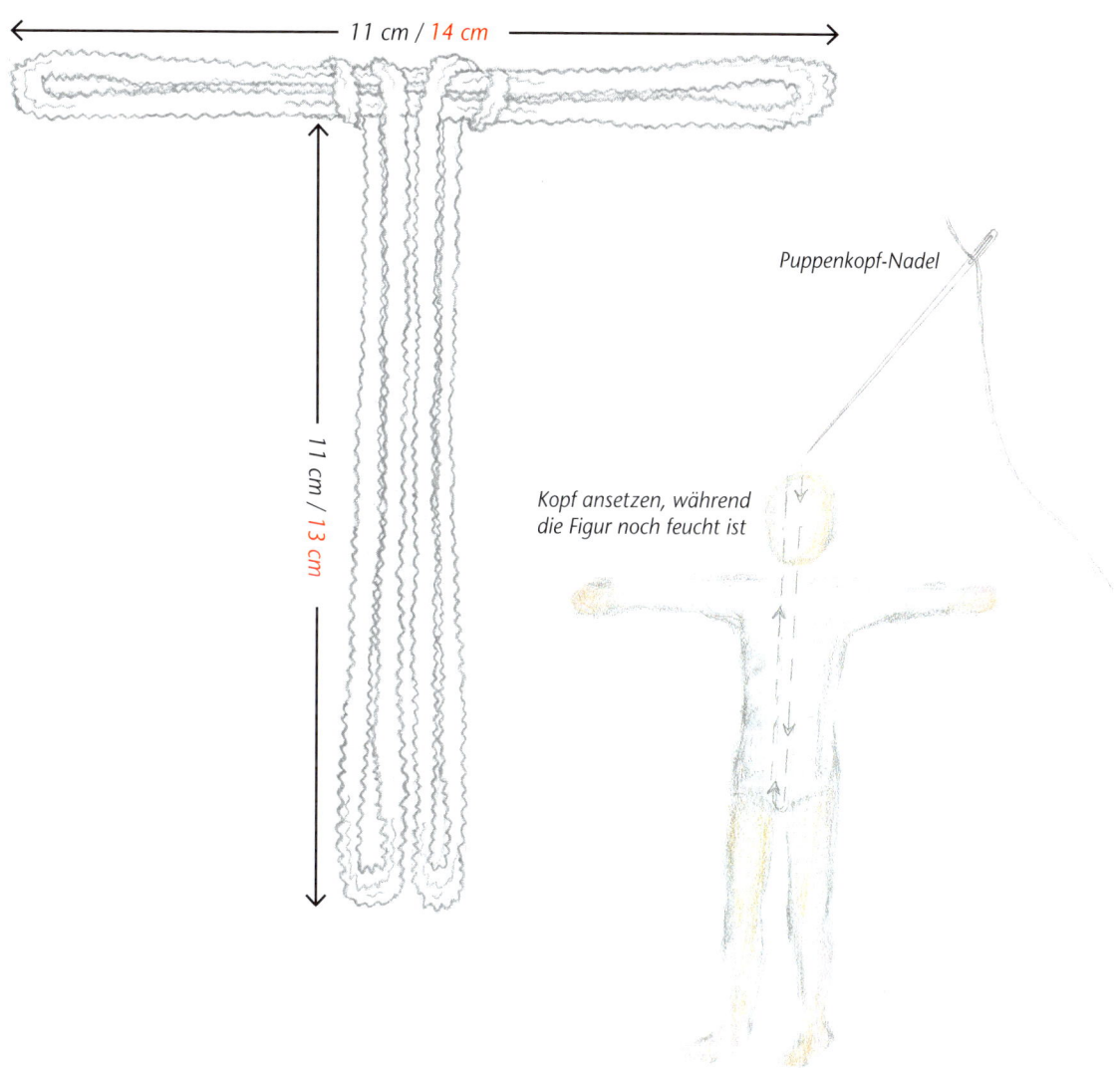

← 11 cm / 14 cm →

11 cm / 13 cm

Puppenkopf-Nadel

Kopf ansetzen, während
die Figur noch feucht ist

Den Rumpf mit weißer Wolle ebenso Schicht für Schicht langsam aufbauen und dabei modellieren und filzen.

Die kleine, noch kopflose Figur fortwährend massieren und streicheln, zwischendurch in warmes Wasser tauchen, leicht ausdrücken und mit eingeseiften Fingern weiter bearbeiten. An den Stellen, die noch etwas aufgebaut werden müssen, z. B. Waden, Hüften, Schultern, Brustkorb etc., Wollflöckchen aufstreichen und vorsichtig auffilzen.

So lange weiterarbeiten, bis man mit der Figur rundum zufrieden ist. Zum Schluss Seifenreste gründlich ausspülen.

Kopf:
Ein kleines Knäuel aus hautfarbener Wolle wickeln, in warmes Wasser tauchen, leicht ausdrücken und zwischen den eingeseiften Händen sacht rollen.
Sobald es angefilzt ist, den Druck verstärken.

Der fertige Kopf sollte gut haselnussgroß und nicht zu weich sein.

Kopf ansetzen:
Noch während die Teile feucht sind, den Kopf zwischen die Schultern setzen. Dazu eine Puppenkopfnadel mit doppeltem Faden verwenden. Am Anfang am besten eine kleine Schlinge machen, damit der Faden nicht durchrutscht.

Am Oberkopf einstechen, mit der langen Nadel senkrecht durch den Körper fahren und zwischen den Beinen herauskommen. Knapp daneben wieder einstechen und den gleichen Weg zurückgehen. Das Ganze ein paar Mal wiederholen, den Faden dabei gut anziehen. Der Kopf darf zum Schluss nicht mehr wackeln.

Im Bereich der «Hose», zwischen den Beinchen, etwas weiße Wolle anschmiegen und anfilzen, wie gehabt, um eventuell sichtbare Einstiche zu verdecken.

Ein «anmutiges Hälschen» entsteht, indem man eine etwas langfaserige Wolle fest zwischen Kopf und Schultern wickelt und sie so ein wenig voneinander abtrennt. Auch diesen Bereich wieder nachfilzen.

Flügel und Gewand:
Um zarte, hauchdünne, aber trotzdem stabile Flügel zu bekommen, filzen wir steifen Tüll mit ein. Ein reizvoller, marmorierter Effekt entsteht, wenn Wolle in verschiedenen Blautönen verwendet wird.

Die blaue Wolle in einer *sehr* dünnen Schicht auf der Arbeitsplatte verteilen. Das Tüllstück, ca. 30 x 25 cm glatt darauf legen. Einen zweiten hauchdünnen Wollschleier *auf* den Tüll legen.

Das Ganze mit warmem Wasser besprenkeln, Hände satt einseifen, die Fläche sanft reiben.

Die beiden Wollschleier werden nach und nach an den meisten Löchern des Tülls durchschlagen und hier miteinander verfilzen. Das braucht seine Zeit, bitte nicht die Geduld verlieren.

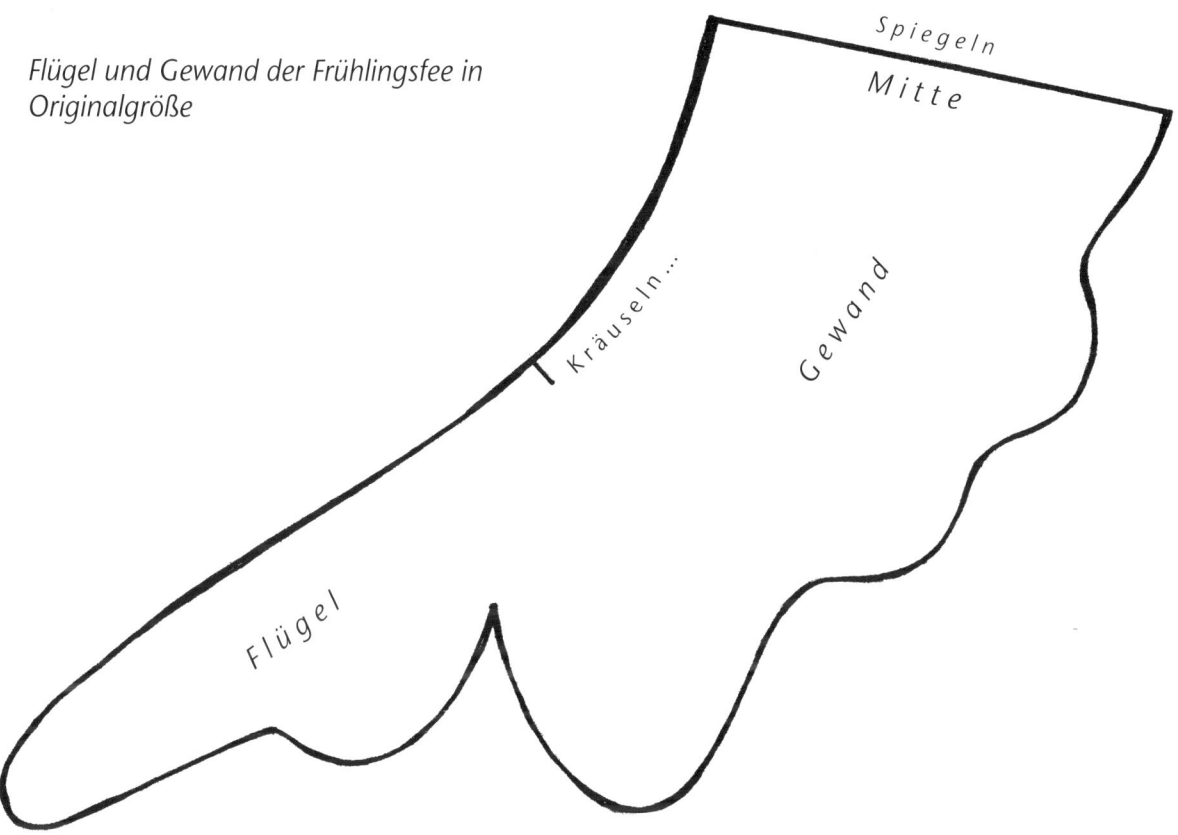

Flügel und Gewand der Frühlingsfee in Originalgröße

Spiegeln

Mitte

Kräuseln...

Gewand

Flügel

Zum Schluss gut ausspülen und mit dem Bügeleisen glätten.

Nach der Skizze einen Schnitt aus Papier anfertigen, auf den Tüll stecken und ausschneiden. Nun haben wir beide Flügel und das Kleidchen der Fee in einem!

Aus dem restlichen Stück einen Streifen von ca. 15 x 5 cm ausschneiden.

Den Streifen als Unterkleidchen um den Kör-per der Elfe wickeln und an Brust, Rücken und unter den Ärmchen anheften.

Kleid mit den anhängenden Flügeln an den gekennzeichneten Stellen kräuseln und an den Körper anpassen und annähen.

Flügel mit Steppstichen an den gekennzeichneten Stellen aneinander nähen, anschließend auseinander klappen und die Naht glatt streichen.

darf nicht zu dick sein! Die Mitte auf den Daumen setzen, ausbuchten und Kopfteil herausarbeiten.

Hutrand, wenn nötig, nachschneiden. Den Rand ausfransen, damit er leicht und transparent wirkt.

Hütchen gleich an den Kopf nähen, nicht zu weit ins Gesicht ziehen.

Als Haare einen Seiden- oder Ramieflusen um das Gesicht, gleich unter der Krempe, schmiegen. Am Scheitel und den «Ohren» mit je einem kleinen Stich anheften.

Gesicht:
Mit dem blauen und roten Buntstift Augen und Mund sparsam auftupfen. Darauf achten, dass die Elfe eine hohe Stirn bekommt, damit sie kindlich aussieht, daher Augen nicht zu hoch ansetzen!

Nun mit blauer Nähseide auf die blauen Augentupfen je ein winziges Kreuz sticken. Auf den roten Mundtupfen mit roter Nähseide einen kleinen, waagerechten Spannstich sticken und fest anziehen! Alle Stiche gehen vom Nacken, direkt unter dem Hütchen aus und werden hier auch vernäht.

Zum Schluss mit dem roten Buntstift Wangenrot auftragen.

Den Faden zum Aufhängen einmal am Hinterkopf anbringen sowie dort, wo Flügel und Kleidchen ineinander übergehen.

Schuhe:
Füße der Figur in Form biegen.

Aus dem Tüllrest zwei Ovale, deutlich größer als der Fußumriss, ausschneiden. Rundherum, knapp an den Rändern entlang einen Kräuselfaden durchziehen, Füßchen hineinstellen, Fadenenden fest zusammenziehen und vernähen, fertig wären die Schuhe!

Wer Stiefelchen wie auf der Abbildung haben möchte, schneidet kleine Streifen aus dem Tüllrest aus, schmiegt sie um die Fußgelenke und heftet sie an, das sind die Stiefelschäfte.

Hütchen und Haare:
Aus blauer Wolle zwischen den Handflächen eine kleine, möglichst runde Platte filzen. Sie

Ostereier
(Modellierter Filz)

Material:
Knapp 10 g Wolle (für ein etwa hühnereigroßes Filz-Ei).

Die Wolle zu einem Bällchen wickeln und einmal ganz in warmes Wasser tauchen, dabei leicht ausdrücken.

Zwischen den satt eingeseiften Händen sacht rollen. Sobald die Oberfläche angefilzt ist, etwas kräftiger rollen, drehen und kneten, bis eine glatte Kugel entstanden ist.

Als Muster wenig farbige Wolle dünn auf die seifige Kugel streichen, mit den Fingerspitzen anfilzen und wieder sacht und vorsichtig wie am Anfang zwischen den Händen rollen.

Ist das Muster gut angefilzt, die Kugel in eine leicht walzenartige Form bringen: Zwischen den Handflächen kräftig in *eine* Richtung rollen. Ein Ende sollte etwas spitzer werden, das andere Ende etwas runder und dicker, eben wie ein Ei!

So lange weitermassieren und modellieren, bis man mit dem Ei zufrieden ist. Das können auch schon Kinder!

Fünf kleine Häschen
(Modellierter Filz)

Diese kleinen «Mümmelmänner» wirken am besten in der Gruppe, daher sollte man gleich mehrere machen. Mit etwas Übung ist solch ein Häschen in 20–30 Minuten fertig. Es besteht aus zwei Filzeiern. Das größere, der Rumpf, ist ungefähr so groß wie ein Hühnerei, das kleinere ergibt den Kopf.

Material:
Gut 10 g weiße ungesponnene Wolle, etwas rosa Märchenwolle, Nadel, weißer Nähfaden, dunkelblauer Sticktwist, rosa Buntstift, dicke Nadel mit großem Öhr, Puppenkopfnadel.

Aus der Wolle zwei Eier herstellen, ein großes und ein kleineres (siehe *Ostereier*). Etwas Wolle für Ohren, Vorderpfötchen und Schwänzchen übrig lassen.

Die Eier werden noch in feuchtem Zustand zu dem Häschen zusammengesetzt.

Achtung: Die etwas spitzeren Seiten der Eier bilden Nase und Brust, schauen also in eine Richtung!

In die Puppenkopfnadel einen doppelten Faden einfädeln, das Ende mit einem Knoten versehen.

Den Kopf mit mehreren Stichen ansetzen, dabei mit der Nadel immer im Bereich der späteren Ohren und der Vorderpfötchen einstechen bzw. herauskommen, denn diese Stellen werden wieder verdeckt. Der Kopf muss zum Schluss richtig schön fest sitzen.

Ohren einziehen:

In die dicke Nadel mit dem großen Öhr ein dickes, langes Wollsträhnchen fädeln.

Irgendwo am Hals einstechen und zwischen Stirn und Hinterkopf herauskommen (möglichst an den Stellen vom Zusammennähen).

Knapp daneben wieder zurückstechen und eine Schlinge von ca. 3 cm stehen lassen. Das erste Ohr ist nun fast fertig.

Gleich daneben das zweite Ohr anbringen.

Das Ende des Wollsträhnchens irgendwo im Körper verschwinden lassen.

Ein dünneres, rosa Strähnchen einfädeln und als Streifen an der Ohrinnenseite anbringen.

Pfoten und Schwänzchen einziehen:

Unser Hase bekommt kleine untergeschlagene Vorderpfötchen:

In die Nadel mit dem großen Öhr wieder einen Wollflusen einfädeln und mit ein paar lockeren Stichen an der Brust zwei kleine «Knubbel» aufbauen.

Als Schwänzchen eine kleine Schlinge anbringen.

Ohren filzen:

Das Häschen mit den Ohren voran in warmes Wasser tauchen.

Finger gut einseifen und ein Ohr nach dem anderen vorsichtig massieren und streicheln. Dabei filzen die rosa Innenseiten und das übrige Ohr zusammen. Gleichzeitig verbinden sich die Ohren noch besser mit dem Köpfchen.

Sind die Ohren zu lang geraten, darf man sie zurechtstutzen und die Schnittkanten noch einmal nachfilzen, sind sie zu dünn, sollte man einen Flusen zusätzlich einziehen und anfilzen.

Pfötchen filzen:

Die Brust mit warmem Wasser anfeuchten.

Über die angedeuteten Pfötchen ein paar Wollflöckchen legen, Finger einseifen und diese Bereiche sanft andrücken, streicheln und filzen, bis sich die neue Wolle gut mit der Brustunterseite verbunden hat. Die Pfötchen sind jetzt harmonisch rund.

Den Hasen hinsetzen. Sollte er kippen, die Pfoten wie beschrieben noch etwas aufbauen.

Das Tier gut ausspülen und in einem Frotteetuch ausdrücken.

Augen:

Die Augen werden aus dunkelblauem Sticktwist im Kreuzstich aufgestickt, Faden immer fest anziehen, Stiche nicht zu groß machen.

Näschen mit rosa Buntstift andeuten.

Wichtige Tipps zur Gestaltung des Gesichts:

Kopf im Verhältnis zum Körper nicht zu klein filzen.

Ohren nicht zu weit ins Gesicht rutschen lassen, sonst wird die Stirn nicht schön rund und wir haben auch zu wenig Platz für die Augen.

Augen seitlich am Kopf, näher am Näschen als an den Ohren, aufsticken.

Die beiden schalenförmigen Hälften noch ein wenig weiterbearbeiten, besonders an den Schnittkanten und den Innenseiten.

Zum Schluss den Rand formen.

Tipps:
Nicht zu wenig Wolle zum Filzen der Nester verwenden, sonst sind sie später fadenscheinig und instabil.

Die Nester sehen hübscher und lebendiger aus, wenn man verschiedene Grüntöne miteinander verfilzt.

Osternester
(Hohlfilz)

Am besten filzt man gleich zwei Osternester mit einer Schablone. Das macht kaum mehr Arbeit und Osternester kann man ja nicht genug haben!

Material:
Grüne Märchenwolle, Menge richtet sich nach der Größe der gewünschten Nester; Pappe zum Ausschneiden der kreisrunden Schablone.

Die runde Pappscheibe gleichmäßig, lückenlos, rundherum mit der grünen Wolle belegen und bewickeln, durchnässen, einseifen, filzen!

Wenn alles gut gefilzt ist, das Päckchen in der Mitte durchschneiden, Pappe entfernen.

Großer Hase
(Modellierter Filz, Ohren: Hohlfilz)

Zu Ostern trägt unser Hase eine Kiepe für die bunten Eier auf dem Rücken. Den Rest des Jahres verbringt er als Spiel- und Schmusehase. Er besteht aus massiver Wolle und enthält keine Kleinteile. Deshalb, und weil er obendrein recht stabil ist, kann man ihn bedenkenlos auch kleineren Kindern geben.

Selbst wer schon über Filz-Erfahrung verfügt, arbeitet ca. 2 Tage an diesem Tier. Filz-Anfänger sollten sich vielleicht lieber noch nicht daran wagen. Es ist hilfreich, wenn man Abbildungen von Hasen oder sogar ein «echtes Modell» während der Arbeit vor Augen hat.

Unser Hase misst 28 cm (sitzend, ohne Ohren) und wiegt insgesamt 250 g.

Material:
Vlieswolle, fellfarben nach Wunsch, etwas rosa Wolle, rosa, dunkelbraune und weiße Filzflecken oder Stickgarn für Nase, Mund, Augen und Zähne, etwas Pappe, Nadel und Faden.

Ein dickes Stück Vlieswolle, ca. 55 cm lang, 18 cm breit, ca. 40 g, von der Schmalseite aus zu einer festen Rolle drehen. Einmal ganz in warmes Seifenwasser tauchen und leicht ausdrücken.

Einen ca. 60 cm langen Streifen zur Hälfte zusammenlegen und im oberen Drittel der Rolle (es muss noch Platz für den Kopfansatz bleiben!) mit einigen dünnen Wollschichten ansetzen. Das werden die Vorderbeine, jetzt je ca. 9 cm.

Einen ca. 100 cm langen Streifen (wie oben) unten an die Rolle ansetzen. Das werden die Hinterläufe, jetzt je ca. 12 cm lang.

Das Stück umdrehen. Auch auf der Bauchseite die Beine mit vielen dünnen Lagen ansetzen. Beine mit mehreren Schichten längs und quer umgeben, Beine wie «Würste» zusammendrücken.

Das Tier auf die Seite legen, Schenkel der Hinterläufe kräftig und rund aufbauen, die Wolllagen zum Hinterteil hin aufstreichen, Hinterbeine evtl. verlängern. Bedenken, dass die Beine später während des Filzens sehr viel dünner werden, also ggfs. jetzt noch verstärken. Hinterläufe hochklappen (unser Hase sitzt ja auf seinem Hinterteil), Pfötchen der Vorderläufe vorsichtig nach unten massieren.

Kopfstumpf etwas herausziehen, mit vielen dünnen Schichten und Flecken belegen und langsam herausarbeiten. Bäckchen, Nase und Kinn aufbauen. Achtung: Hinter- und Oberkopf vorerst nur leicht reiben, weil hier die Ohren noch anfilzen müssen.

Erst wenn die Grundproportionen stimmen, die Figur sachte streicheln und reiben, mit zunehmender Dichtigkeit das Tier etwas energischer massieren.

Ohren (Hohlfilz):
Aus Pappe zwei gleiche Schablonen ausschneiden.

Ein wenig rosa Wolle (Innenseiten) auf der Mitte verteilen, schichtweise mit der fellfarbenen Wolle umgeben, leicht filzen.

Unten aufschneiden, Schablone entfernen, umkrempeln, flach streichen, weiterfilzen, im oberen Bereich kräftiger als an den Schnittkanten.

Ohren mit vielen Stichen rundherum an den Kopf ansetzen, nicht zu nah aneinander und nicht zu weit in die Stirn rücken. Ohren während des Ansetzens etwas zusammenfalten.

Auf die – noch weichen – Ansatzstellen viele dünne Flecken aufstreichen, geduldig und sanft aufmassieren, Hinterkopf gleichzeitig noch etwas aufbauen.

Großer Hase

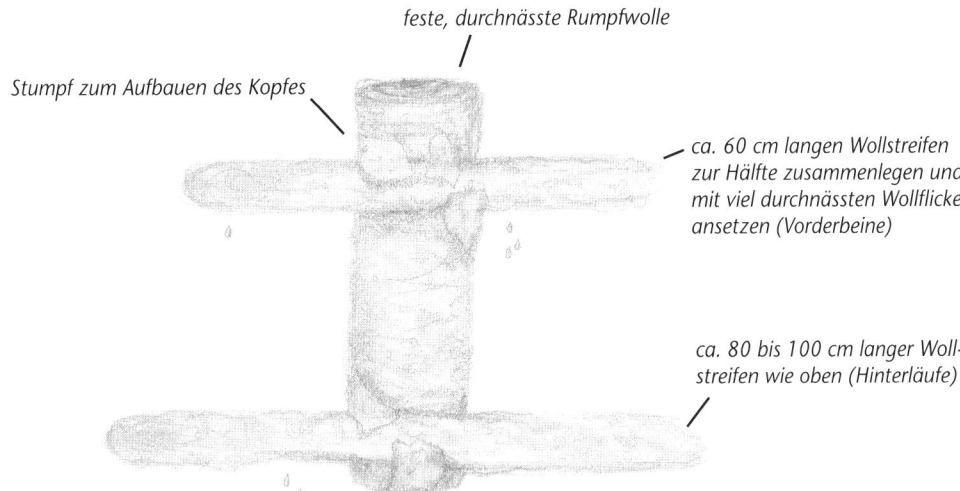

feste, durchnässte Rumpfwolle

Stumpf zum Aufbauen des Kopfes

ca. 60 cm langen Wollstreifen
zur Hälfte zusammenlegen und
mit viel durchnässten Wollflicken
ansetzen (Vorderbeine)

ca. 80 bis 100 cm langer Wollstreifen wie oben (Hinterläufe)

1. Ansetzen der Beine am Rücken

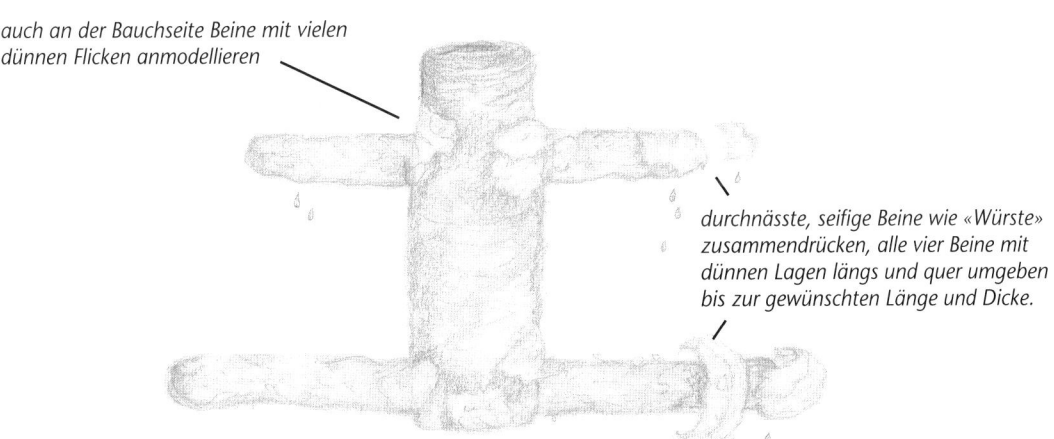

auch an der Bauchseite Beine mit vielen
dünnen Flicken anmodellieren

durchnässte, seifige Beine wie «Würste»
zusammendrücken, alle vier Beine mit
dünnen Lagen längs und quer umgeben
bis zur gewünschten Länge und Dicke.

2. Bauchseite (Werkstück umdrehen)

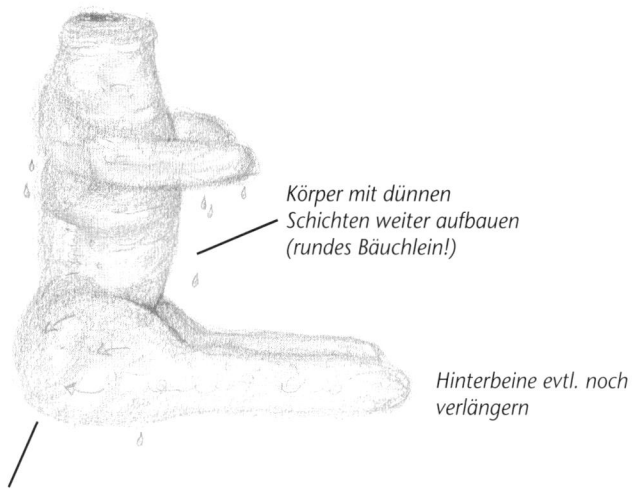

Körper mit dünnen
Schichten weiter aufbauen
(rundes Bäuchlein!)

Hinterbeine evtl. noch
verlängern

Schenkel der kräftigen Hinterläufe aufbauen,
neue Wollflecken zum Hinterteil hin aufstreichen

3. Das nasse Tier auf die Seite legen

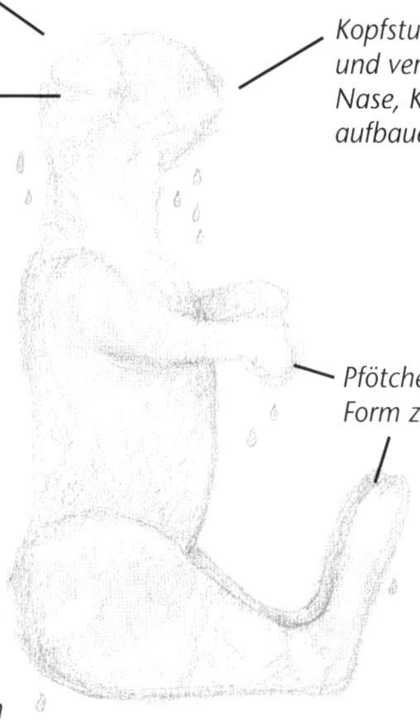

Ober- und Hinterkopf

Kopfstumpf herausziehen
und verstärken, Bäckchen,
Nase, Kinn langsam
aufbauen

vorerst nur wenig reiben,
hier müssen noch die
Ohren anfilzen können

ca. 5 cm

ca. 14 cm

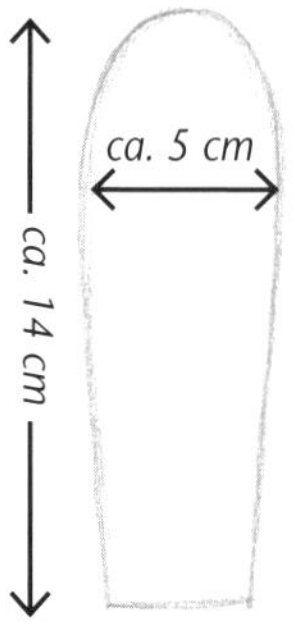

Ohrschablone

Pfötchen und Hinterläufe in
Form ziehen und massieren

4. Hasen hinsetzen

28

separat gefilzte Ohren mit vielen Stichen ansetzen, Nähte mit dünnen Woll-flecken überfilzen

nach dem Anbringen der Ohren, Kopf und Gesicht weiter aufbauen, Gesicht modellieren, Augenhöhlen hineinwalken, Näschen herausziehen und -drücken

auf eine schöne Halslinie achten

kurz knetend gefilzten Wollbausch als Schwänz-chen ansetzen, Nähte mit Wollflöckchen überfilzen

5. Fertigstellung

Gesicht modellieren:

Seitlich am Kopf Mulden für die Augen hinein-walken, Näschen herausdrücken, runde Bäck-chen formen, auf eine schöne Kinn-Hals-Linie achten. Augen und Nase aus vorgefilzten Tei-len auffilzen (evtl. mit ein paar Stichen fixieren) oder später aufsticken.

Schwänzchen:

Einen weißen Wollbausch kurz leicht knetend filzen, mit vielen kleinen Stichen ansetzen, An-satzstellen mit Wollflöckchen überfilzen.

Das Tier in allen Lagen, von allen Seiten gleichmäßig und geduldig bearbeiten, bis man zufrieden ist.

Fertigen Hasen wiederholt kalt abduschen und auf einem mehrfach gefalteten Handtuch sitzend trocknen lassen.

Möhre: Siehe «junges Filzgemüse», Seite 35.

Sommer

Zauberblume mit Blumenkind
(Modellierter und flächiger Filz)

Das Geheimnis unserer «Zauberblume» liegt u. a. in den Draht-Bögen, die das Gerüst der Blütenblätter bilden. Dadurch kann man die Blume schließen und öffnen.

Auf dem Nachttisch des Kindes könnte dieser besondere Blumentopf stehen und hier dem allabendlichen Gute-Nacht-Ritual einen Glanzpunkt aufsetzen! Während die Abendgeschichte erzählt wird oder das Schlaflied erklingt, ist die Blüte noch geöffnet. Dann schließt sie sich langsam Blatt für Blatt und hüllt das Blumenkind mit ein. Am nächsten Morgen geht sie wieder auf. Das Püppchen darf tagsüber zum Spielen herausgenommen werden.

Material:
Insgesamt ca. 50 g farbige Wolle, hauptsächlich in Purpurrot und Grün; dazu hautfarbene und gelbe Wolle; roter und rosa Veloursdraht (Biegeplüsch) aus dem Bastelgeschäft; 1 Holzstricknadel; Nähseide in Blau und Rot; Farbstifte in Blau und Rot (Gesicht des Blumenkindes).

Aus dem roten Veloursdraht 7 gleiche, tropfenförmige Bögen biegen, wie die Abbildung zeigt.

Die purpurrote Wolle in mehreren dünnen Schichten um die Bögen spannen, durchnässen

zusammen und fixiert sie mit etwas dünnem Draht.

Alle Enden fest miteinander verdrehen, so entsteht der Stiel und die Blüte bekommt nochmals Halt.

Grüne Blätter:
Herstellung siehe «Blätterbeutel», Seite 42.

In diesem Fall grüne Wolle verwenden und die Blätter kleiner, passend zu unserer Blüte gestalten. Nach dem Filzen schneidet man das «Päckchen» rundherum an der Kante auf und hat zwei schöne Blätter mit Blattadern auf einmal. Schnittkanten noch einmal nachfilzen!

und filzen. Den Draht dabei möglichst nicht zusammendrücken. Darauf achten, dass nirgends mehr Draht durchschaut. Die Enden der Bögen nicht befilzen, daraus entsteht später der Stiel.

Sind alle Blütenblätter beisammen, fasst man sie zu einer Rosette, einem «Körbchen»,

Einfachere Version:
Aus grüner Wolle eine Fläche filzen und zwei Blätter mit kleinem Fortsatz (Blattstiel) ausschneiden. Schnittkanten nachfilzen!

Beim Umfilzen des Blütenstiels die Blattfortsätze bzw. Blattstiele mit einfügen und filzen, ggfs., mit ein paar Stichen fixieren.

Den Stiel mit grüner Wolle bis zu den Blütenblättern hochfilzen.

Sitzen die Blütenblätter immer noch zu locker, kann man sie jetzt mit Nadel und Faden zusätzlich befestigen.

Mit der grünen Wolle um die Blütenunterseite einen tellerförmigen Kelch formen und filzen.

Aus der gelben Wolle ein rundes Kissen formen und in die Blütenmitte heften. Dieses Kissen wird nicht gefilzt.

Um den Blütenstiel zu stabilisieren, schiebt man die Stricknadel mitten durch den grünen Filz-Schlauch bis zum Blütenkopf hoch.

Nun ist die Blume fertig zum Einpflanzen: In einen Tontopf ein Stück Styropor oder etwas Ähnliches fest hineinstecken, Loch für den Stiel hineinbohren. Mit Tongranulat oder brauner Wolle abdecken.

Blumenkind
(modellierter Filz, Hohlfilz, Filzkugel)

Zur Orientierung:
Das fertige Blumenkind wiegt insgesamt ca. 10 g. Arbeitsschritte wie «Frühlingsfee», S. 16.

Nach der Skizze das Draht-Innenleben aus dem Biegeplüsch herstellen.

Der Rumpf mit Ärmeln und kurzen Hosenbeinen entsteht aus purpurroter Wolle.

Käppchen:
Um ein halbkreisförmiges Pappstück (Skizze) etwas gelbe Wolle filzen, unten aufschneiden, dem Kopf anpassen und anheften.

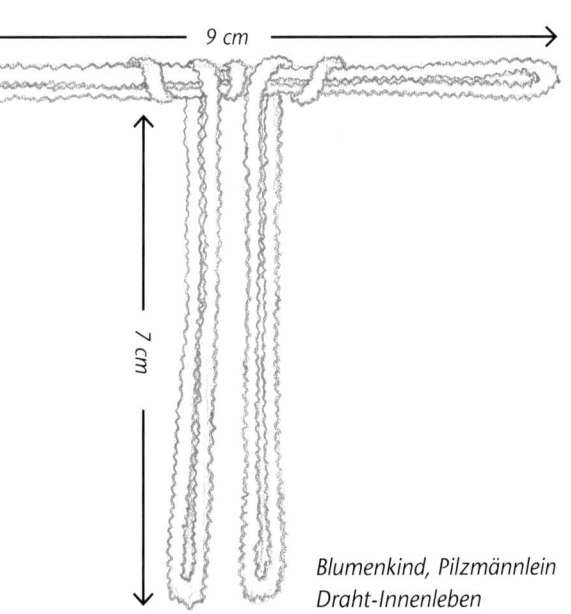

9 cm

7 cm

Blumenkind, Pilzmännlein
Draht-Innenleben

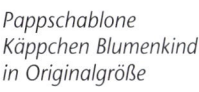

Pappschablone
Käppchen Blumenkind
in Originalgröße

Schuh-Schablone
Blumenkind
in Originalgröße

Junges Filzgemüse
(Filzkugeln, modellierter Filz, Filzflächen)

Schuhe:
Aus Pappe kleine Sohlen ausschneiden (Skizze), mit grüner Wolle umfilzen, einen Schlitz hineinschneiden, Füße hineinstellen und anheften.

Man kann sie auch mit einem Band versehen, dann können die Kinder die Schuhe richtig an- und ausziehen.

Dieses «Gemüse» ist ausgesprochen strapazierfähig und gut im Kaufladen zu verwenden. Auch als Bären-Picknick ist es sehr willkommen, wie man hier sieht!

Gurken
Aus einem dünnen Pappstück die längliche, leicht gebogene Gurkenform ausschneiden, die etwas kleiner als die fertige Gurke sein soll.

Die Pappe schichtweise mit grüner Wolle umgeben. Das Ganze mit warmem Wasser durchnässen, Hände kräftig einseifen und sacht filzen.

Die Mitte der Gurke etwas dicker aufbauen als die Enden. So lange bearbeiten, bis die Mini-Gurke «echt» aussieht und schön fest ist.

Ausspülen, fertig! Die Pappe bleibt im Inneren.

Orangen

Orangefarbene Wolle zu einem kleinen Knäuel wickeln.

Einmal ganz in heißes Wasser tauchen und leicht ausdrücken.

Zwischen den eingeseiften Handflächen zunächst sehr vorsichtig, später kräftiger rollen und massieren.

Mit grünem Stickfaden Stiel und Blütenansatz andeuten.

Tomaten

Wie «Orangen», jedoch aus roter Wolle und etwas kleiner.

Melonen
(Geschichtete Filzkugel)

Wolle in Dunkelgrün, Rot, Rosa und Weiß.

Zunächst eine Kugel aus roter Wolle anfilzen, Durchmesser ca. 5 cm.

Drumherum eine dünne rosa Schicht schmiegen, anfilzen.

Dann kommt eine dünne weiße Schicht und zuletzt wird die Kugel mit dunkelgrüner Wolle umgeben.

Wichtig: Alle Schichten sehr gleichmäßig aufbringen!

Die Kugel ausgiebig zwischen den eingeseiften Handflächen rollen. Ist sie gut angefilzt, mit sehr viel Kraft arbeiten. Vielleicht lässt man sich dabei einmal von einem Familienmitglied ablösen?

Die gut gefilzte Kugel dann mit Druck über ein Waschbrett oder eine ähnliche Fläche in alle Richtungen walzen und walken, zwischendurch in heißes Wasser tauchen und ausdrücken.

Je länger und kräftiger gearbeitet wird, umso schöner und fester wird die aufgeschnittene Melone sein.

Zum Schluss gibt man die Melone dem nächsten 60°-Waschgang bei, dann verfestigt sie sich noch mehr.

Nun kommt ein spannender Augenblick: Die kleine Filz-Melone wird aufgeschnitten und das rote Fruchtfleisch wird sichtbar.

Falls gewünscht, die Kerne mit schwarzem Faserstift andeuten.

Karotten

Aus orangegelber Wolle eine kleine Walze wickeln.

An einem Ende einen grünen Flusen mit einwickeln.

Das Ganze kurz in heißes Wasser tauchen, in die gut eingeseifte Handfläche legen, mit den Fingern der anderen Hand die kleine Walze rollen und massieren, bis sie die typische Möhrenform angenommen hat.

Das Grüne, außer am Ansatz, nur sehr wenig filzen.

Kopfsalat

Aus verschiedenen Grüntönen eine größere und eine kleinere runde Platte filzen. Das geschieht zwischen den Handflächen. Die größere Platte sollte die Handfläche ganz bedecken.

Die Flecken dürfen ruhig unregelmäßig werden, jedoch nicht zu dick!

Aus dem hellsten Grün-Ton ein kleines Bällchen formen und filzen. Es bildet die Salat-Mitte und sollte ein paar «Furchen» haben, dann sieht es natürlicher aus.

Die beiden fertigen Filz-Kreise aufeinander legen, der kleinere liegt innen.

Mit Nadel und grünem Faden im Kreis durch die beiden Schichten fahren und leicht kräuseln.

In die kleine Vertiefung, die sich nun in der Mitte gebildet hat, wird das hellgrüne Filzbällchen hineingelegt und mit wenigen Stichen fixiert.

Salatblätter zurechtzupfen, fertig!

Pilze
Siehe Seite 41.

Schmetterlinge
(Flächiger Filz auf Tüll)

Material:
Farbige Wolle nach Wunsch; 1 Stück Tüll aus dem Stoffgeschäft; langfaserige, braune Wollsträhnen oder ein nur leicht gesponnener dicker Wollfaden für den Körper.

Filzen auf Tüll siehe Seite 18, «Frühlingselfe».

Nach dem abgebildeten Schnitt oder eigenen Vorstellungen den Falter ausschneiden.

Körper anbringen: Flügel übereinander legen, sodass die Unterseite nach außen schaut.

Am Falz ein ca. 10 cm langes Stück Wollfaden mit wenigen Stichen gegen heften.

Am Kopf den Faden teilen und an den Enden je einen Knoten machen (Fühler).

Den Faden zum Aufhängen befestigt man an den beiden größeren Flügeln, dann behält der Schmetterling seine harmonische Form.

Schmetterling in Originalgröße

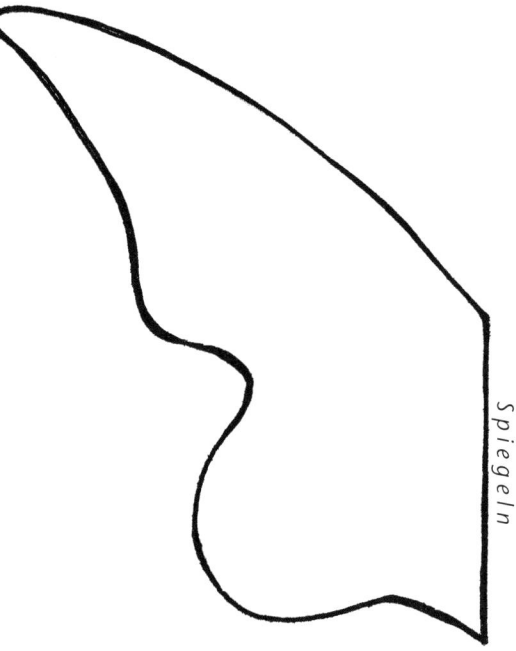

Spiegeln

Pilzmännlein beim Nickerchen im Moos

Herbst

Pilzmännlein
(Modellierter Filz, Hohlfilz, Filzkugel)

Auf dem herbstlichen Jahreszeitentisch fühlen sich die Pilzmännlein natürlich besonders wohl. Am schönsten sieht es aus, wenn sich gleich mehrere zusammenfinden. Man dekoriert sie mit allerlei Pflanzlichem und lässt sie ganz im Moos verschwinden, sodass nur noch ihre Kappen sichtbar sind. Den Kindern bereitet es besonderes Vergnügen, wenn sie manchmal einen Pilz «pflücken» dürfen, um ihn einmal genauer zu betrachten.

Material:
Wolle in Hellbraun, Dunkelbraun, Weiß und Grün; Veloursdraht; braune und rote Nähseide; rosa Farbstift; etwas dünne aber feste Pappe.

   Zur Orientierung: Gesamtgewicht der fertigen Figur ca. 20 g.

Das Draht-Innenleben biegen, wie die Skizze zeigt.

   Arme mit Händen, Beine mit Füßen bestehen aus naturweißer Wolle.

   Herstellung der Figur siehe «Frühlingsfee», Seite 16.

   Kopf aus weißer Wolle filzen, etwas größer als bei der Frühlingsfee.

   Kopf ansetzen: Der Zwergenkopf wird nicht, wie bei den Püppchen auf die Schultern gesetzt, sondern vielmehr in Richtung Brust geschoben, so entsteht ganz von selbst der Zwergenbuckel.

   Alles Weitere (ohne Hals) wie «Frühlingsfee».

Schuhe:

Die sohlenförmigen Pappstückchen mit dunkelgrüner Wolle umfilzen. Alles Weitere wie beim «Blumenkind» beschrieben. Damit das Männlein gut stehen kann, Füße und Schuhe etwas größer gestalten.

Pilzkappe:

Zur Orientierung: Durchmesser der abgebildeten Kappen zwischen 6 und 8 cm.

Aus der Pappe eine runde Scheibe ausschneiden, sie sollte etwas größer sein als der fertige Pilzhut (Schrumpfung).

Zuerst eine Seite mit der pilzfarbenen Wolle belegen, diese Wolle etwas über die Kanten formen, alles durchfeuchten.

Schablone umdrehen, die andere Seite mit weißer Wolle belegen, einseifen, filzen.

Nach abgeschlossener Filzarbeit einen kleinen Einschnitt mitten auf der weißen Seite anbringen.

Pappe entfernen, Pilz umkrempeln und noch ein wenig weiterbearbeiten.

Kappe dem Kopf anpassen und mit ein paar Stichen annähen, nicht zu weit ins Gesicht schieben.

Pappschablone Pilzkappe

*fertigen Pilz an der weißen Seite
knapp einschneiden*

*Schuhschablone
Pilzmännlein*

Gesicht andeuten: Die Augen bestehen aus zwei kleinen, etwas schrägen Spannstichen, der Mund aus einem roten Stich. Falls gewünscht, etwas Wangenrot mit dem Buntstift auftupfen.

Pilze
(Hohlfilz, Kugel)

Pilzstiel:
Eine weiße Kugel filzen, wie Orangen oder Puppenköpfchen.

Die Kugel zum Schluss kräftig in eine Richtung rollen, sodass eine leichte Walzenform entsteht.

Herstellung der Pilzkappe, wie beim «Pilzmännlein» beschrieben.

Kappe und Stiel aneinander heften, Übergänge nachfilzen.

Standfläche mit Druck mehrfach über die Arbeitsfläche reiben, damit sie eben wird und der Pilz stehen kann.

Blätterbeutel
(Hohlfilz)

Bunte Blätter, die der Wind im Herbst herum-
wirbelt, sind Vorbilder für unsere großen
Blätterbeutel. Wenn man ein Lederband durch
den Stiel zieht, kann man sie umhängen oder
am Gürtel befestigen und hat eine wunderbare
und ganz ungewöhnliche «Herbsttasche».

Siehe auch Seite 12, Rückseite des Blätter-
beutels.

Material:
Für ein stabiles Blatt von ca. 30 cm Länge und
20 cm Breite benötigt man 50 g Wolle, des
Weiteren ein Stück Karton und Bleistift.

Die gewünschte Blattform auf den Karton zeich-
nen, rundherum etwa 2 cm zugeben (Schrumpfung beim Filzen) und ausschneiden.

Blattadern aus langfaserigen Strähnen auflegen, sie sollten sich farblich gut von der ei-
gentlichen «Blatt-Wolle» abheben. Wenn man
die Strähnen ganz durchnässt, kann man sie
gezielt auf die Pappschablone aufbringen, fast
wie einen Pinselstrich.

Soll das Blatt Farbflecken bekommen, so
legt man einige andersfarbene Wollflöckchen
gleich mit auf.

Nun die eigentliche Wolle in dünnen, gleich-
mäßigen Lagen auf der Schablone verteilen.

Das Ganze nach jeder Lage durchnässen.

Ist alles aufgelegt, die Wolle mit der flachen,
kräftig eingeseiften Hand andrücken und 2–3
Minuten vorsichtig reiben.

Die Schablone mitsamt der Wollmasse umdrehen.

Die überhängenden Blattader-Enden sauber
um die Kanten legen, neue durchnässte Strähnen wenn nötig anfügen, bis auch die Blattrück-
seite mit Blattadern versehen ist.

Jetzt erst die ebenfalls überhängende, durchnässte Hauptwolle um die Ränder ziehen.
Das Blatt, wie beschrieben, mit neuen Wollschichten belegen, alles gut um die Kanten
streichen, filzen!

Nach Abschluss der Filzarbeit im unteren
Drittel einer Seite (Stielseite) einen waage-

rechten Schnitt anbringen, Schablone herausziehen, Blatt umkrempeln – und sich überraschen lassen!

Diese Seite noch ein wenig nachfilzen, mit der Hand in die Form hineinfahren, die Blattspitzen und den Stiel mit den Fingern gut ausbuchten und am Finger nachformen.

Achtung! Hat man eine deutliche, schönere Vorderseite, so darf hier natürlich nicht eingeschnitten werden. Am besten rechtzeitig, schon beim Aufbringen der Wollschichten, eine Kennzeichnung anbringen.

Winter

Musik-Stern
(Hohlfilz)

Material:
Die Angaben beziehen sich auf einen Stern von etwa 26 cm Durchmesser, von Spitze zu Spitze gemessen.

Spieluhrgehäuse mit Zugschnur (Bastel- oder Spielzeugladen). Die Spieluhr bitte zuerst besorgen und die Größe des Sterns daran anpassen.

Ca. 40 g hellgelbe Wolle, ca. 40 g Wolle zum Stopfen. Pappe, Nadel und Faden.

Fünfstern aus Pappe ausschneiden. Schichtweise mit der gelben Wolle umgeben. Jede Schicht durchnässen und andrücken.

Sternspitzen und -einschnitte besonders beachten.

Da der Spieluhrenbezug sehr stabil sein muss, ausgiebig von allen Seiten filzen.

Rückseite einschneiden, gerade so groß, dass das Spieluhrgehäuse hineinpasst.

Stern umkrempeln.

Jede Zacke noch einmal gründlich bearbeiten: Mit dem Finger hineinfahren. Über dem Finger drehend filzen, bis alle Spitzen gut ausgeprägt sind.

Nach dem Trocknen zuerst die Spitzen ausstopfen.

Das Gehäuse in der Mitte des Sterns platzieren und von allen Seiten gut mit der Stopfwolle umpolstern.

Naht schließen. Zum Aufhängen eine Kordel anbringen.

Tipp:
Spieluhr in ein enges Stoffsäckchen einnähen. Zusätzlich aus festem Karton ein kleines Scheibchen ausschneiden und einmal bis zur Mitte einschneiden. Hier ein kleines Loch bohren. Die Zugschnur in den Schlitz schieben. Die Scheibe ganz an das Gehäuse schieben. So wird verhindert, dass sich Wollfasern mit hineinziehen, während sich die Zugschnur hochbewegt.

Nikolausstiefel
(Hohlfilz)

Material:
Ca. 35 g dunkelrote Wolle; ca. 30 g weiße Wolle; etwas gelbe Wolle; Karton.

Stiefelform nach der Skizze ausschneiden.

Aus der gelben Wolle eine Filzplatte filzen.

Sterne daraus ausschneiden, als Muster z. B. ein Stern-Ausstecherle von der Weihnachts-Bäckerei verwenden.

Schaft leicht ausladend

ca. 23 cm

ca. 20 cm

Die Sterne einmal ganz in warmes Wasser tauchen und auf einer Seite der Schablone verteilen.

Die rote Wolle in dünnen Schichten darüber legen, durchnässen, vorsichtig anfilzen. Nun verbinden sich die Sterne schon leicht mit der Wolle, sodass man die Schablone umdrehen kann.

Zweite Seite ebenso mit Sternen belegen.

Rote, überlappende Wolle von der anderen Seite glatt um die Kanten ziehen.

Neue rote Wollschichten wie beschrieben auflegen, bis die rote Wolle komplett verbraucht ist.

Weiße Wolle (Innenseite, die beim Filzen außen liegt) genauso verarbeiten, bis der gesamte Stiefel schön fest eingepackt ist.

Ausgiebig filzen.

Das Stück über einem Waschbrett oder der gewellten Spüle walken.

Oben aufschneiden, Pappe entfernen, umkrempeln.

Außenseite mit Sternen noch etwas nachfilzen.

Mit der Hand in den Stiefel hineinfahren und ausformen, Ränder nacharbeiten, Wülste wegmassieren, Stiefel auf das Waschbrett stellen und Sohle walken.

Nach dem Trocknen den Stulpen einige Zentimeter umschlagen, sodass der weiße Rand sichtbar wird.

Zum Aufhängen eine Schnur anbringen. Unsere stammt von der Strickliesl!

45

Stiefel und Bäumchen verbergen süße Sachen.

Man kann den Stiefel auch am Kinderfüßchen ausarbeiten.

Wer zwei Stiefel braucht, filzt sie gleichzeitig an einem Stück. Die Schablone hängt dabei an den Stulpen zusammen. Wollmenge dann verdoppeln!

Weihnachtsbaum zum Füllen
(Hohlfilz)

Ein wunderschönes Geschenk zur Advents- und Weihnachtszeit ist dieses besondere Bäumchen, denn es wird mit Leckereien gefüllt! Siehe auch Seite 12, Rückseite des Baumes.

Material:
60 g dunkelgrüne Wolle; etwas braune Wolle; Pappe.

Für den Schmuck: gelbe, rote, violette und weiße Wolle; weißer Pfeifenputzer; einige gelbe und rote Glasperlen; dünner Golddraht oder -faden.

Nach den Maßen der Skizze einen Tannenbaum aus Karton ausschneiden.

Die grüne Wolle schichtweise auflegen, durchnässen, andrücken.

Wenn das Bäumchen völlig in die grüne Wolle eingepackt ist, die braune Wolle um den Stiel schlagen. Sie sollte die grüne um 1–2 cm überlappen.

Achtung! Spitzen und Einbuchtungen besonders beachten, hier sollten weder Löcher noch Wülste entstehen. Besonders an den Spitzen rutscht die Wolle leicht auseinander. Man kann sie auch noch während des Filzens mit Wollflöckchen verstärken.

Nach beendeter Filzarbeit eine Seite einschneiden. Schnittlänge ca. 8 cm waagerecht im oberen Drittel der Tanne.

Umkrempeln, Spitzen über dem Finger drehend ausformen. Sollte doch ein Loch entstanden sein, schiebt man etwas grüne Wolle von innen hinein.

27 cm

20 cm

Baumschmuck

Sterne:
Gelbe Filzplatte herstellen, Sternchen ausschneiden, mit einer Perle auf der Mitte an den Baum heften.

Äpfel:
Rote Filzkügelchen, siehe Seite 13, «Frühlingsfee», Seite 18, oder Seite 34, «Orangen».

Zapfen:
Aus violetter Wolle kleine Kügelchen weich filzen, zwischen den Handflächen kräftiger in eine Richtung rollen, mit einer roten Perle an der Spitze anheften.

Zuckerstangen:
Pfeifenputzerdraht mit wenig weißer Wolle leicht umfilzen. Aus langfaseriger roter Wolle lange, sehr dünne Strähnchen abteilen und darum herumwickeln, leicht filzen.

Die Drähte in 5 cm lange Stücke schneiden, oben einen Bogen formen, anheften.

Tannenbaum zusätzlich mit Goldband schmücken. Zum Aufhängen eine Schlaufe anbringen.

Iglu
(Hohlfilz, Filzplatte)

An solch einem Iglu arbeitet man 2 bis 3 Tage. Damit die Hände nicht so leiden, sollte man sich beim Filzen einmal ablösen lassen.

Material:
Ca. 200 g weiße Wolle; Nadel und Faden; ein großes Stück Karton.

Aus der Hälfte der Wolle (ca. 100 g) eine dicke Filzplatte herstellen.

Aus der Filzplatte Rechtecke schneiden.

Die Rechtecke durchnässen und auf einer Seite der Pappschablone (Skizze) verteilen, das sind unsere «Eis-Bausteine».

Die Hälfte der übrigen Wolle schichtweise darüber legen, anfilzen.

Die Schablone umwenden, diese Seite ebenfalls mit Bausteinen belegen.

Überhängende nasse Wolle von der Rückseite sauber um die Ränder schlagen.

Die letzten Wollschichten verteilen und auffilzen.

Schablone wieder umwenden, Wolle wie gehabt um die Ränder streichen, filzen!

Filzzeit: mindestens 1 Stunde.

Unten aufschneiden, Schablone herausziehen, umkrempeln, einmal spülen und gut ausdrücken.

Meistens sind nicht alle Bausteine gut genug

angefilzt, in diesem Fall mit Nadel und Faden nachbessern.

Außenseite dann ausgiebig nachfilzen.

Damit der Iglu gut steht, evtl. die Kante beschneiden und nachfilzen.

Eingang hineinschneiden.

Wer den Eingang verschönern möchte, filzt eine dicke weiße Rolle und heftet sie um die Tür, auch hier wieder nachfilzen.

Tipp:
Damit der Iglu schön rund wird, kann man ihn über einen passenden Ball oder einen anderen Gegenstand ziehen, durchnässen, einseifen, massieren.

So lange bearbeiten, bis man zufrieden ist.

Ausspülen und in der Waschmaschine schleudern.

Den Iglu ganz nach Lust und Laune mit Fellen, Leder und Hausrat einrichten.

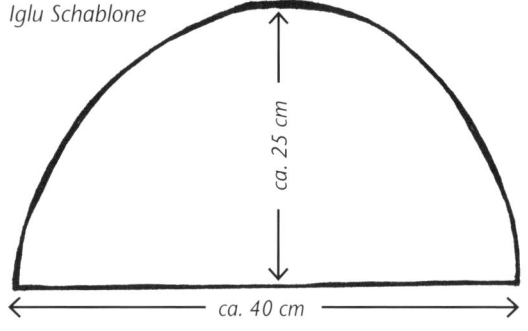

Iglu Schablone

ca. 25 cm

ca. 40 cm

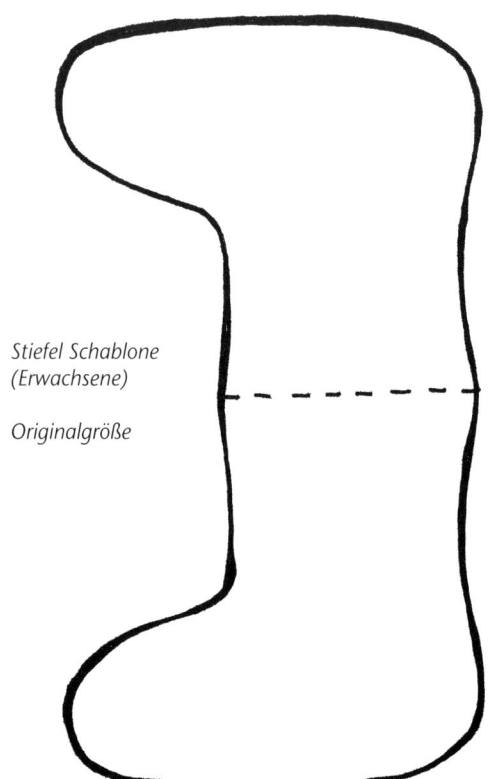

Stiefel Schablone
(Erwachsene)

Originalgröße

Inuit-Puppen
(Modellierter Filz, Hohlfilz)

Zur Herstellung einer Puppe samt Parka und Stiefeln sollte man einen Tag einplanen.

Material, Erwachsenen-Puppe:
Ca. 25 g Wolle in Weiß, Hautfarben und Schwarz, Veloursdraht aus dem Bastelgeschäft.

Parka und Stiefel:
Ca. 15 g naturgraue und weiße Wolle (hellgraue Wolle mit ein paar dunkelbraunen Melangen sieht nach dem Filzen einer echten Robbenhaut sehr ähnlich). Für das Gesicht: Nähseide oder dünnes Stickgarn in Schwarz und Rot; roter und dunkelbrauner Buntstift. Als Besatz Fell- oder dicke Filzstreifen; als Schmuck bunte, dünne Wollsträhnchen.

Herstellung der Puppe, Ansetzen des Kopfes usw. Skizze des Drahtgerüsts und Beschreibung siehe «Frühlingselfe», Seite 17.
  Achtung: Der fertig gefilzte Kopf der Inuit-Puppe sollte einen Umfang von ca. 9 cm haben und ist somit größer als der der Frühlingselfe.
  Puppen-Kinder ganz nach Wunsch entsprechend verkleinern!

Die Inuit-Puppen kann man richtig an- und ausziehen.

Haare (zwei «Perücken» auf einmal):
Aus Karton eine kleine Scheibe ausschneiden, etwas größer als der Durchmesser des Kopfes. Mit wenig schwarzer Wolle schichtweise umgeben.

Zwischen den Handflächen filzen.

In der Mitte durchschneiden, fertig sind zwei «Roh-Perücken».

Nach Wunsch weiter ausformen und zurechtschneiden. An das Köpfchen nähen.

Gesicht:
Zum Ausgestalten des Gesichtes sollte der Kopf ganz trocken sein:

Leicht schräg stehende Augen mit dem braunen Buntstift auftupfen.

Darüber einen festen Spannstich aus schwarzem Garn sticken.

Mund mit rotem Buntstift und rotem Garn ebenso.

Wangen mit rotem Buntstift auftupfen.

Wickelkind:

Die kleine Schablone (siehe Skizze) mit wenig grauer Wolle umgeben, zwischen den Handflächen filzen. Im oberen Drittel knapp einschneiden, Pappe entfernen und ausspülen. Als Kopf ein rosa Wollkügelchen festfilzen. Das Köpfchen in den Einschnitt stecken und heften. Nach Wunsch das kleine Gesicht mit Nähseide andeuten und die Kapuze mit einem weißen Wollfaden umranden.

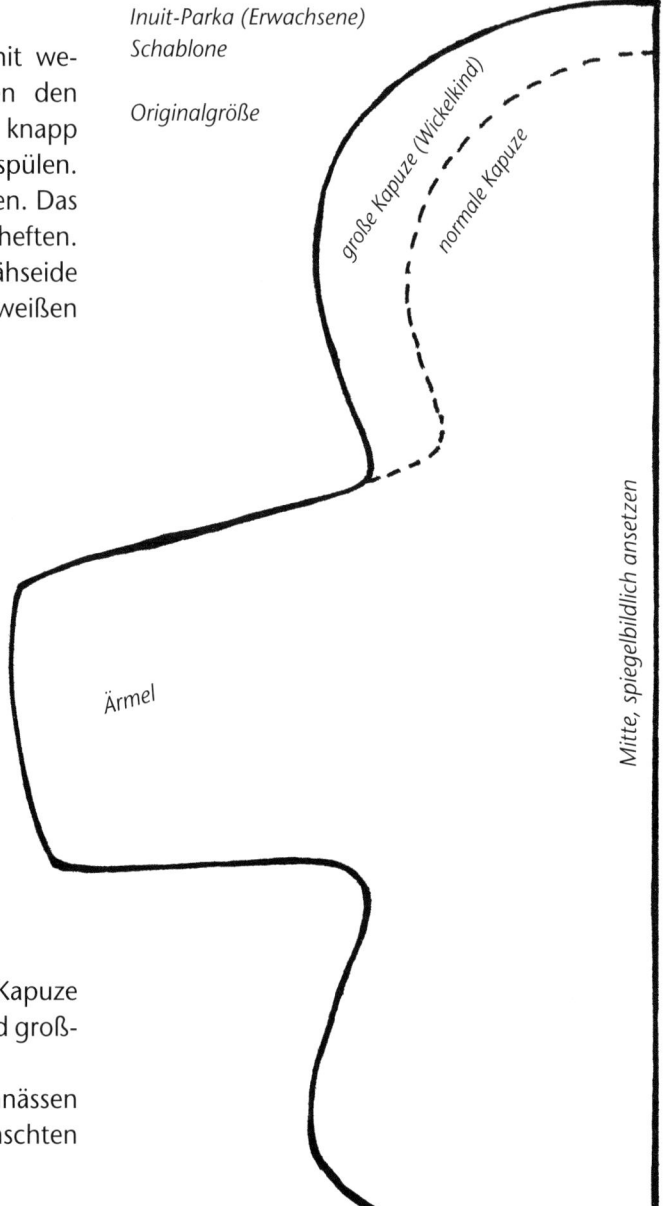

Inuit-Parka (Erwachsene)
Schablone

Originalgröße

große Kapuze (Wickelkind)

normale Kapuze

Ärmel

Mitte, spiegelbildlich ansetzen

Saum →

Wickelkind

Schablone in Originalgröße

Parka:

Pappschablone (Skizze) ausschneiden.

Achtung! Soll ein Wickelkind in die Kapuze passen, die Schablone hier entsprechend großzügig zuschneiden.

Farbige dünne Wollsträhnchen durchnässen und als Schmuckstreifen an den gewünschten Stellen um die Form schmiegen.

52

Graue Wolle, schichtweise aufbringen, durchfeuchten.

Zuletzt die weiße Wolle um das Päckchen schichten. Wollverbrauch für eine Parka ca. 10 g.

Filzen.

An Ärmeln und Saum aufschneiden, umkrempeln, Pappe entfernen.

Loch für das Gesicht in die Kapuze schneiden. Vorsicht! Nicht zu groß schneiden, es wird sich sowieso noch ein wenig weiten.

Vorderseite des Anzugs und Schnittkanten nachfilzen.

Nach Wunsch einen schmalen Fellstreifen um Kapuze und Saum nähen. Wir haben Kaninchenfell verwendet (Gerberei). Es musste noch etwas gestutzt werden.

Einen «Pelz-Besatz» kann man auch aus einer Filzrolle (siehe Schnüre filzen, Seite 13) oder einem Abfall-Filzstreifen machen.

Stiefel:
Nach der Skizze die Pappform anfertigen
Die Stiefel hängen an den Schäften zusammen. Das spart Arbeit und man erhält zwei gleiche Stücke.

Einen Schmuckstreifen aus langfaseriger farbiger Wolle durchnässen und waagerecht um Spitzen und Fersen ziehen.

Graue oder weiße Wolle drumherumschichten, filzen!

An den Schäften durchtrennen, Pappe entfernen, umkrempeln, ausformen.

In noch feuchtem Zustand der Puppe anziehen. Um die Fesseln einen Faden sehr fest wickeln.

Nach ein paar Tagen den Faden wieder entfernen.

Unsere Stiefel haben hier nun eine «Taille». So sitzen sie besser am Fuß und erhalten obendrein eine gefälligere Form.

Achtung! Parka und Stiefel für Puppen-Kinder entsprechend verkleinern. Daran denken, dass sich die Stiefel wegen ihrer geringen Größe dann nicht mehr umkrempeln lassen.

Eisbär

(Modellierter Filz; nach Rotraud Reinhard, siehe Buchempfehlung im Anhang)

Man arbeitet sicherer, wenn man Abbildungen eines Eisbären, vielleicht sogar Fotos vom letzten Zoobesuch bereitliegen hat.

Material: ca. 130 g weiße Vlieswolle

Ein ca. 17 x 10 cm langes Stück Vlieswolle abreißen, von der Schmalseite aus fest zusammenrollen, in warmes Wasser tauchen und einseifen.

Beine:

Zwei Vliesstreifen (ca. 45 x 4 cm) je zur Hälfte zusammenlegen, sodass Schlaufen entstehen.

Einen Streifen (bzw. Schlaufe) am Schwanzende auflegen (Hinterbeine).

Den zweiten Streifen auf die Mitte der Rumpfrolle legen (Vorderbeine).

Beine durchfeuchten und dabei zusammendrücken. Sie sind jetzt ca. 10 cm lang.

Mehrere einzelne durchnässte Vliesstückchen über die Ansätze der Beine schmiegen und sie so mit dem Rumpf verbinden (1).

Das Tier nun auf die Seite legen.

Werdegang Eisbär

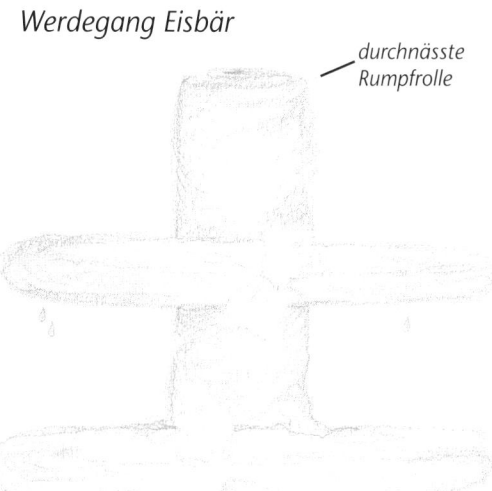

durchnässte Rumpfrolle

1. Ansetzen der Beine (Bauchseite)

Alle vier Beine:
Zwei lange Wollstreifen zur Hälfte zusammenlegen (Schlingen). Mit durchnässten Vliesflecken an die Rumpfrolle schmiegen.

2. Figur auf die Seite legen
(Seiten zwischendurch wechseln)

üppiges Bären-Hinterteil vom seitlichen Rücken aus schichtweise nach hinten aufstreichen

Kopf und Hals etwas herausziehen, mit vielen Schichten umgeben

kräftige Beinansätze modellieren, Rumpf bis zum gewünschten Volumen aufbauen

Beine mit durchnässten Vliesflecken aufbauen, bis die gewünschte Dicke und Länge erreicht ist (Vorderbeine sollen etwas kürzer werden als Hinterbeine)

3. Fertigstellung

Stummelschwänzchen entweder separat ansetzen oder aus der noch weichen Wollmasse herausziehen und filzen

Ohren rechtzeitig aus der noch weichen Kopfmasse sachte herausziehen, wie zwei kleine runde Schüsselchen formen und filzen. Sollte das nicht gelingen, separat ansetzen.

mit etwas Druck eine harmonische Stirn-Nasen-Linie walken

Alle vier Tatzen formen, damit das Tier gut stehen kann (mehrmals über die Arbeitsfläche streifen)

Mit vielen einzelnen, dünnen Schichten kräftige Beinansätze aufbauen, mit seifigen Fingern alles sehr sacht streicheln und andrücken.

Mehrere Schichten bilden das üppige Bären-Hinterteil, sie werden vom seitlichen Rücken aus nach hinten aufgestrichen (2).

Beine des Eisbären sind massig und nicht zu kurz, entsprechend viele Vliesstückchen längs und quer aufbringen, Übergänge zum Körper besonders sorgfältig bearbeiten. Achtung! Die Vorderbeine sollen ein wenig kürzer werden als die Hinterbeine.

Körper rundherum mit vielen Schichten langsam aufbauen.

Brust, Hals und Kopf aufbauen. Je nachdem ob der Kopf nach unten schaut oder der Bär seine Nase in die Luft recken soll, die Wollmasse in die Richtung massieren (3).

Tier auf die Beine stellen und von allen Seiten betrachten, Form ggf. korrigieren.

Hinterteil ist rund, evtl. hoch, Schulterpartie ausgeprägt, die Hals- und Kopfpartie eines Eisbären ist eher lang und schmal.

Ohren:
Aus der noch weichen Kopfmasse sacht herausziehen und filzen, sie sollten weit hinten am Kopf sitzen und relativ weit auseinander stehen. Ihre Form ist klein, rund und dick.

Stummelschwanz:
Ebenfalls vorsichtig aus der noch weichen Masse herausziehen, mit einem neuen Wollflöckchen umschmiegen und filzen.

So lange an der Figur arbeiten, streicheln, massieren und sanft drücken, bis man mit der Form zufrieden ist und die gesamte Wolle verbraucht ist.

In die Duschwanne stellen und wiederholt von oben abduschen. Die Seife fließt über die Tatzen heraus.

Den Bären auf einem mehrfach gefalteten Handtuch stehend trocknen lassen. Niemals ausdrücken oder schleudern!

Wer seine Inuit-Szenerie noch weiter ausbauen möchte, stellt Schlittenhunde, Robben, Pinguine, Fische über einem Trockengestell und noch vieles mehr her. Ein großes, ausgebreitetes Stück Vlieswolle bildet die Schneedecke darunter.

Fürs ganze Jahr

Kasperle
(Hohlfilz, modellierter Filz, Filzschnüre)

Nach diesem Grundschnitt kann man sämtliche Akteure des Kasperle-Theaters ganz nach der eigenen Fantasie «kreieren». Die Maße der abgebildeten Figur beziehen sich auf eine Kinderhand. Für eine Erwachsenenhand die Schablone entsprechend größer zuschneiden und ein wenig mehr Wolle einplanen.

Material:
Insgesamt 70 g Wolle, vorwiegend Rot und Blau, hautfarbene Wolle, Gelb-Töne für die Haare; als Muster bunte ausgeschnittene Filzformen (Abfall-Teilchen vom Zuschneiden anderer Filzarbeiten oder extra Filzplatte); etwas Wolle zum Ausfüllen des Kopfes; Stickgarn in Blau und Schwarz; dicker weißer und dunkelroter Wollfaden oder Filzschnur zur Gestaltung der Lippen und Augen; 1 Stück Pappe; Nadel mit besonders großem Öhr; 1 Glöckchen; roter und hellblauer Buntstift.

Die bunten Filzteile durchnässen und ganz nach Lust und Laune auf der Schablone verteilen, so entsteht das Muster des Kasperle-Gewandes.

Rote oder blaue Wolle schichtweise um Rumpf und Ärmel verteilen, anfilzen.

Hautfarbene Wolle für Kopf und Hände zuletzt aufbringen. Sie soll an den Übergängen die Anzug-Wolle um ein paar Zentimeter überlappen, damit hier keine Spalten entstehen.

Filzen! Kopfbereich etwas weniger bearbeiten, er muss weich bleiben, weil wir hier später das Gesicht modellieren.

Am Saum aufschneiden, umkrempeln – und sich überraschen lassen.

Diese Seite (außer Kopf) ein paar Minuten nachfilzen.

Den Rohling gut ausspülen und ausdrücken.

Den noch feuchten Kopf gleich ausstopfen, mit dem Finger von innen ein Loch zum Führen in die Stopfwolle bohren.

Das Gesicht leicht einseifen. Mit hautfarbenen Wollflöckchen Nase, Kinn und Wangen langsam, Schicht für Schicht aufbauen, modellieren und massieren, bis man zufrieden ist.

Seifenreste gut ausspülen.

Augen:

Augenform mit dünnem schwarzen Faden umranden.

Blaue Pupille sticken und mit dickem weißen Faden oder Filzschnur links und rechts davon das Weiße des Auges einziehen. Dabei nicht über die schwarze Augenbegrenzung kommen.

Mund:

Ober- und Unterlippe mit dunkelroter Filzschnur oder Wollfaden einziehen, Mundwinkel leicht nach oben führen.

Haare:

Filzschnüre (siehe Seite 13) aus verschiedenen Gelb-Tönen herstellen, über den Kopf spannen und nacheinander, dicht an dicht am Scheitel anheften, bis man mit der Haarfülle zufrieden ist.

Finger auf Wunsch mit starkem Faden und jeweils einem festen Spannstich abteilen.

Mütze:

Die typische Kasperle-Zipfelmütze darf nicht zu klein werden.

Musterteilchen, wie schon beim Anzug beschrieben, auf der Schablone verteilen.

Farbige Wolle schichtweise darüber schlagen, filzen.

Die fertige Mütze gut ausspülen.

Beim Annähen an den Kopf darf sie noch feucht sein, mit ein paar Reih-Stichen hinten leicht kräuseln, bis sie passt. Wer sich eine abnehmbare Mütze wünscht, versieht den Rand mit einem dünnen Gummizug.

Eine kleine Krempe formen.

Glöckchen an den Zipfel nähen.

Zum Schluss, wenn das Gesicht getrocknet ist, Wangenrot auftragen. Die Lider evtl. mit hellblauem Farbstift betonen.

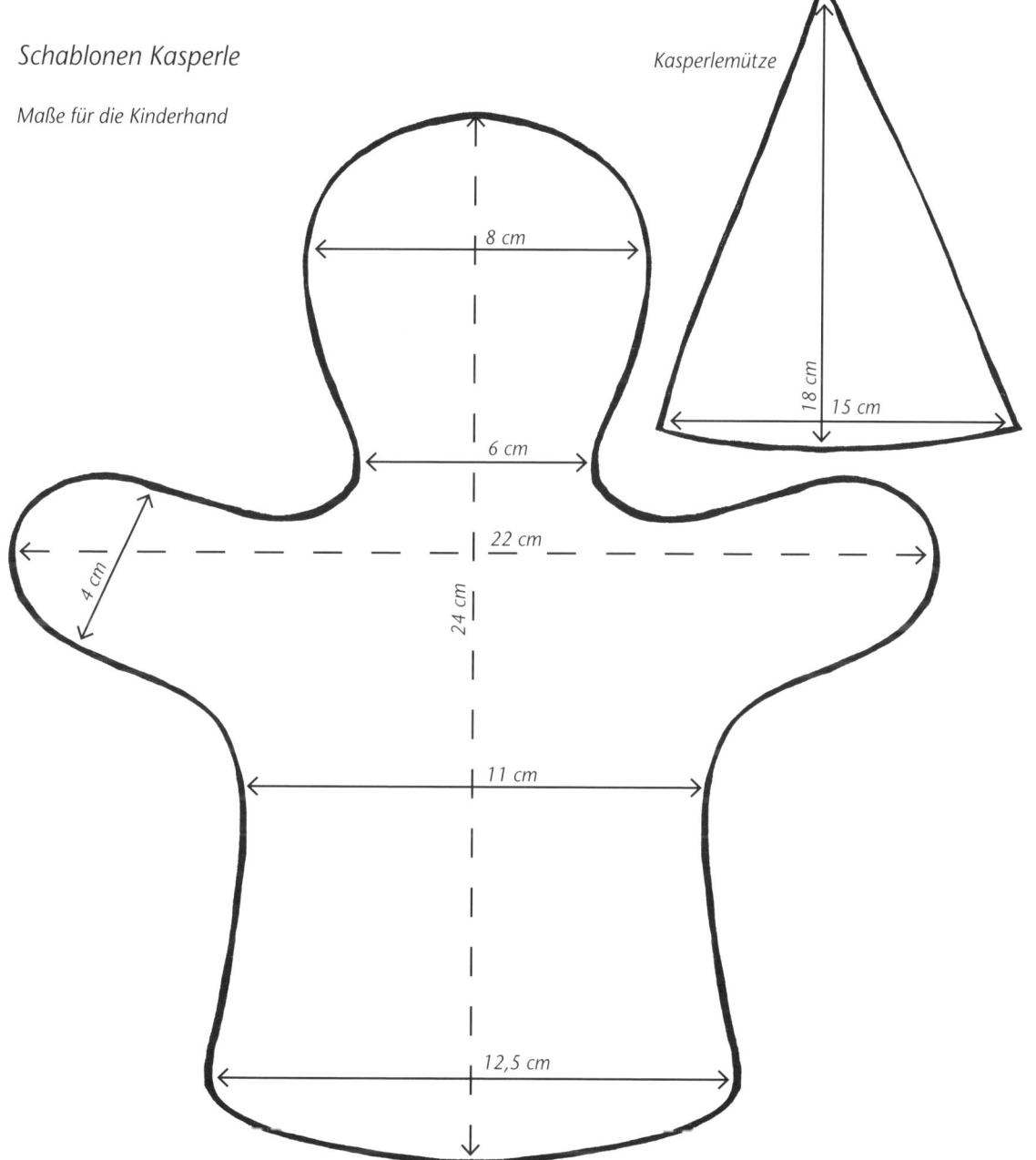

Schablonen Kasperle

Maße für die Kinderhand

Kasperlemütze

8 cm

18 cm

15 cm

6 cm

22 cm

4 cm

24 cm

11 cm

12,5 cm

59

Fingerpuppen
(Hohlfilz)

Diese farbenfrohen Fingerpüppchen gehören zu dem folgenden alten Fingerspiel-Reim:

Fünf Männlein sind in den Wald gegangen,
sie wollten einen Hasen fangen.

Der erste, der war so dick wie ein Fass,
der brummte immer: «Wo ist der Has', wo ist der Has'? (Daumen)
Der zweite, der rief: «Da, da, da.» (Zeigefinger)
Der dritte, der längste, aber auch der bängste,
der fing an zu weinen:
«Ich sehe keinen.» (Mittelfinger)
Der vierte sagte: «Das ist mir zu dumm, ich kehr'
wieder um!» (Ringfinger)
Der kleine aber, der hat es gemacht,
der hat das Häschen nach Hause gebracht,
da haben alle laut gelacht: «Hahaha».

Material:
Wolle, Farben nach Wunsch bzw. den Temperamenten der fünf Büblein angepasst; hautfarbene Wolle; Nadel und Faden; Sticktwist für die Gesichter; etwas Pappe.

Aus der Pappe eine «Fingerling-Schablone» ausschneiden: Finger umranden, rundherum ca. 1,5 cm zugeben.

Die Schablone fest mit bunter Wolle umwickeln (Anzug).

Das letzte Drittel, die Kuppe, ergibt den Kopf und wird mit hautfarbener Wolle belegt. Oben darf kein Loch entstehen!

Die hautfarbene Wolle sollte die übrige leicht überlappen, damit sich hier kein Spalt bildet.

Filzen, unten aufschneiden, umkrempeln, am Finger fertig filzen.

Den Rohling mit Haaren und evtl. einem Hütchen versehen. Hütchen siehe Seite 20 bei «Frühlingselfe». Gesicht mit wenigen Stichen andeuten.

Ist die Fingerpuppe zu lang geraten, unten etwas abschneiden oder umschlagen.

Den winzigen Hasen kann man schnell aus einem Wollsträhnchen und zwei Knoten herstellen oder man filzt ein Mini-Ei und zieht als Ohren zwei Flusen ein.

Herztaschen
(Hohlfilz, Filzfläche)

Die mit Zuckerguss verzierten Lebkuchenherzen, die jeder von der Kirmes kennt, waren das Vorbild für unsere Herztaschen. Auf der Rückseite befindet sich ein Schlitz, sodass man etwas «Schönes» darin verstecken kann.

Material:
Ca. 30 g rote Wolle; für die Verzierungen weiße Wolle, weitere Farben nach Wunsch; Pappe; Geschenkband zum Umhängen.

Die Herzform aus Karton ausschneiden.

Aus der farbigen Wolle zwischen den Handflächen Filzflecken herstellen, sie sollten nicht zu dünn sein. Daraus werden Musterteilchen oder Buchstaben ausgeschnitten.

Die Umrandung aus durchnässten, dünnen, weißen Wollsträhnen auflegen. Wellenlinien sind besonders dekorativ und dabei recht einfach zu machen.

Muster nach Wunsch aus den ausgeschnittenen, durchnässten Filzteilchen auf der Schablone arrangieren. Aufgepasst: Buchstaben immer in Spiegelschrift aufbringen!

Liegt endlich alles richtig, die erste dünne, rote Wollschicht auf die Musterseite legen, anfeuchten, mit seifigen Händen andrücken und wenige Minuten leicht anfilzen.

Nun hat sich das Muster wahrscheinlich schon etwas mit der roten Wolle verbunden und verrutscht nicht mehr so leicht.

Schablone umdrehen.

Überhängende Wolle glatt um die Ränder schlagen.

Die Rückseite (ohne Muster) ebenso mit Wollschichten belegen usw., bis das gesamte Wollpensum gleichmäßig um das Herz verteilt ist.

Aufgepasst! Ist es erst einmal eingepackt, so kann man nicht mehr erkennen, welches die Musterseite ist. Das führt leicht dazu, dass später versehentlich die Vorderseite eingeschnitten wird. Um dies zu verhindern, stets eine *Markierung an der Rückseite* anbringen (andersfarbiges Wollflöckchen auf jede neue Lage!).

Zunächst sanft und mit geringem Druck filzen, später energischer.

Spitze und Einbuchtungen der Herzform besonders beachten, damit sich weder Löcher oder Spalten noch Wülste bilden.

Der Filz ist fertig, wenn er die *Filzprobe* bestanden hat: Mit Daumen und Zeigefinger den Filz ergreifen und hochziehen. Dabei muss sich das ganze Stück von der Unterlage abheben, ohne dass sich zu viele Einzelfasern herausziehen lassen.

Das fertige Herz an der Rückseite, ungefähr im oberen Drittel, ca. 7 cm waagerecht einschneiden.

Pappe herausziehen, umkrempeln. In die Form hineinfahren und ausformen. Ist an der Spitze vielleicht doch ein Loch entstanden oder sind die Rundungen durchscheinend, hier von innen noch etwas Wolle nachschieben und, so gut es geht, anfilzen.

Musterseite nachfilzen, Schnittkanten ebenso.

Zum Schluss ein Band zum Umhängen anbringen, mit Hilfe einer Nadel mit besonders großem Öhr.

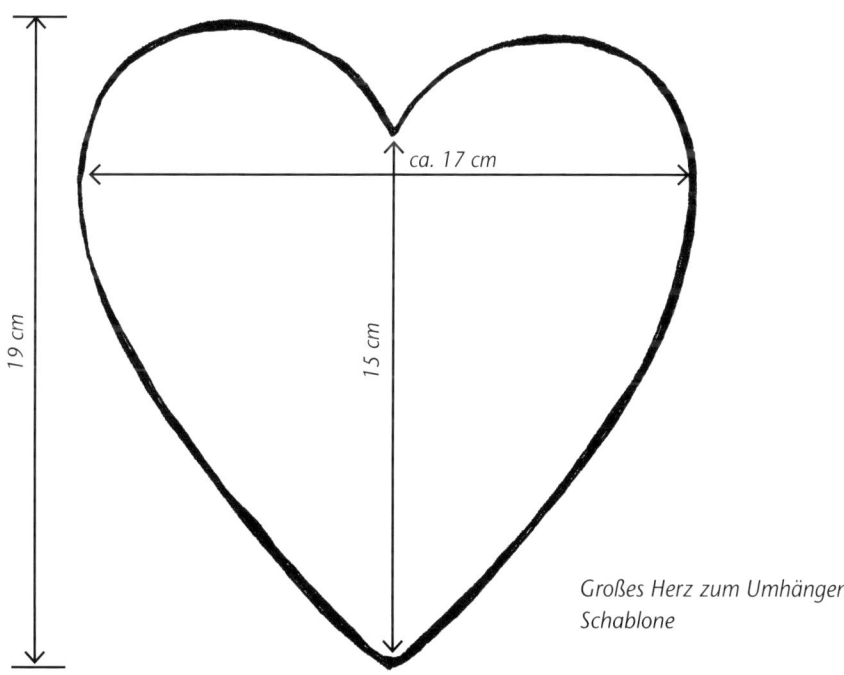

*Großes Herz zum Umhängen
Schablone*

So entsteht ein Formfilz mit Muster

1. Muster (Schrift spiegelverkehrt) nass auf die Schablone legen.

3. Schablone umdrehen, überhängende Wolle und Ränder formen.

2. Erste Wollschicht darüber ausbreiten, andrücken, leicht reiben.

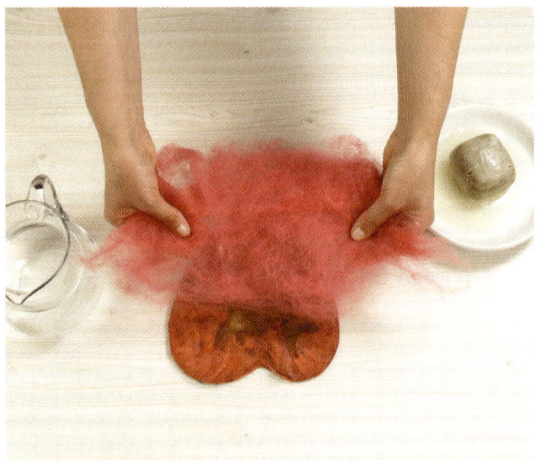

4. Rückseite mit einer Wollschicht versehen und kleine Farbmarkierung auflegen.

5. Nach abgeschlossener Filzarbeit (Filzprobe) das Stück auf der Rückseite einschneiden.

7. Vorderseite nacharbeiten, evtl. kleine Korrekturen vornehmen.

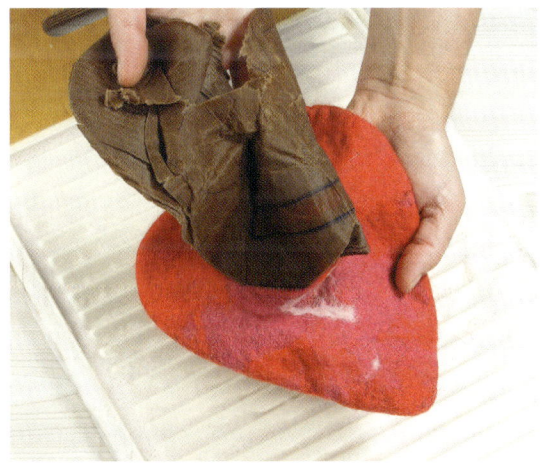

6. Pappe entfernen, Herz umkrempeln.

Schmuck
Freundschaftsringe
(geschichtete Kugeln, modellierter Filz)

Aus einer Kugel entstehen zwei Ringe, z. B. für zwei Freundinnen! Diese Arbeit erfordert etwas Filzerfahrung.

Material:
Wolle in fünf verschiedenen Farben; Schlüsselring oder ein einfacher, billiger Fingerring, der deutlich zu groß ist; Nadel und Faden; sehr scharfes Messer oder Skalpell – Vorsicht, Kinder davon fernhalten!

Die erste Farbe bildet die Mitte, daraus ein kleines Kügelchen wickeln und anfilzen.

Drumherum die zweite Farbe gleichmäßig schmiegen, anfilzen usw. bis alle 5 Farben aufgebracht sind. Die – noch weiche – Kugel sollte nun einen Durchmesser von ungefähr 3 cm haben, später, wenn sie fertig ist, wird er nur noch ca. 2,5 cm betragen.

Alles Weitere wie auf Seite 34 bei «Melonen» beschrieben.

Achtung! Die fertige Kugel vorerst noch nicht, wie die Melonen, in die Waschmaschine geben.

Nun wird es erst einmal spannend: Mit dem Messer oder Skalpell die Kugel mitten durchschneiden, Holzbrettchen unterlegen! Nun zeigt es sich, ob lange und kräftig genug gefilzt wurde. Alle Schichten sollten sich gut miteinander verbunden haben, dabei sollten sich die Farbringe klar und gleichmäßig voneinander abheben.

Den Ring, der bis jetzt beiseite lag, dicht mit etwas farbiger Wolle umwickeln, passend zur letzten Schicht der Kugel.

Zwischen den Handflächen und am Finger filzen.

Die Kugel-Hälfte sorgfältig und sehr fest am Ring fixieren (Nadel und Faden).

Die Fäden mit neu aufgebrachten Wollflöckchen kaschieren, den Ring noch so weit aufbauen, bis er gut am Finger sitzt.

Die Übergänge zwischen Halbkugel und Ring mehrmals kreuzweise hauchdünn bewickeln, jede Schicht anfilzen.

Zum Bearbeiten immer wieder über den Finger streifen und drehen, damit auch die Innenseite gut verfilzt ist.

Die Schnittkanten wiederholt mit Druck über die Handfläche reiben.

So lange weiterstreicheln und massieren, bis man mit dem Schmuckstück zufrieden ist, es sollte recht stabil sein. Die Halbkugel darf auf keinen Fall locker und wackelig sitzen.

Den zweiten Ring genauso fertig stellen, vielleicht eine andere Farbe wählen, damit sich die Ringe unterscheiden.

Zum Schluss die Ringe in einen Strumpf knoten und dem nächsten 60°-Waschgang beigeben, das macht sie noch stabiler.

Ein ungewöhnlicher Schmuck: Filz-Fingerringe

Herz- und Blumenkette

(Hohlfilz, Schnüre, Kugel, Filzfläche)

Material:

Insgesamt ca. 10 g Wolle für eine Kette; Pappe; Nadel mit besonders großem Öhr.

Zwischen den Handflächen eine kleine Platte filzen. Daraus kann man die runde Blütenmitte oder z. B. ein Muster für das Herz ausschneiden.

Das ausgeschnittene Teil durchfeuchten und auf die ausgeschnittene Schablone «kleben». Die Wolle in dünnen Schichten um die Form schmiegen, durchfeuchten, einseifen, filzen.

Die Rückseite, die später eingeschnitten wird, markieren, damit man nicht in die Blütenmitte oder das Muster schneidet. Bitte nachlesen bei «Herztaschen», Seite 62.

Rückseite ganz knapp waagerecht einschneiden, Pappreste herausfischen, umkrempeln, mit einem Finger hineinfahren und ausformen.

Zwei Filzschnüre, ca. 50 cm lang, herstellen, siehe Seite 13.

Es gibt mehrere Möglichkeiten, die Schnüre am Anhänger zu befestigen:

Man zieht sie an der Rückseite durch. In diesem Fall bleibt der Anhänger hinten offen. Die Besitzerin kann dann sogar noch einen Glücksbringer oder ein Mini-Briefchen darin verstecken.

Man filzt die Schnüre an die Rückseite des Anhängers.

Den Schlitz in diesem Fall mit wenigen Stichen zunähen, dabei die Schnüre am besten gleich miterfassen.

Etwas Wolle über diese Stelle legen, durchfeuchten, einseifen, vorsichtig auffilzen, bis alles gut verbunden ist.

Verschluss:

Ein Ende der Kette zu einer Schlinge formen, umwickeln, anfilzen.

Das andere Ende erhält eine Filzkugel (siehe Seite 13). Diese Kugel sollte ganz knapp durch die Schlinge passen.

Mithilfe der Nadel mit dem großen Öhr die Schnüre durch die Kugel ziehen, mit einem Knoten sichern.

Herz- und Blumenkette
Schablonen in Originalgröße

Zwei Möglichkeiten, Schnüre mit dem Anhänger zu verbinden:
1. Durchziehen (Herz); 2. Ansetzen und Überfilzen (Blüte).

Teddybären

(Hohlfilz, flächiger Filz)

Diese Teddybären erinnern in ihrer Form an die alten, klassischen Bären, die vor ungefähr 100 Jahren zum ersten Mal in den Spielzeugläden auftauchten. Kopf und Gliedmaßen sind, dank der eingesetzten Gelenkscheiben, beweglich.

Wer einmal einen Teddybären selbst gemacht hat, wird wahrscheinlich noch weitere «kreieren», denn es macht sehr viel Spaß. Dabei entstehen, und das ist das Reizvolle, immer Unikate. Ein Beispiel dafür sind die abgebildeten Bären, die nach fast dem gleichen Schnitt angefertigt wurden, aber doch ganz unterschiedlich aussehen.

Handgefilzte Bären sind recht robust und strapazierfähig. Wegen der Kleinteile wie Augen und Gelenke sind sie dennoch nicht für Kleinkinder geeignet. Ältere Kinder sowie «große» Bären-Liebhaber und -Sammler werden aber ihre Freude an ihnen haben.

Material

(für einen ca. 27 cm großen Bären):
Ca. 90 g Wolle (Fellfarben nach Wunsch).
Ca. 100 g Wolle zum Stopfen.
Orangefarbene oder beige Wolle zum Filzen von Tatzen und Ohren.
Sticktwist oder Perlgarn (dunkelbraun, schwarz oder dunkelblau).
Dünne, aber stabile Pappe.
1 Satz Gelenkscheiben.
1 Paar Glasaugen mit Metallösen zum Annähen (Kleine schwarze oder dunkelblaue Knopfaugen ohne Pupillen passen am besten zu diesem Bärentyp).
Stabiler Spezialfaden zum Anbringen der Augen.
1 Puppenkopfnadel.
(Die letzten 4 Dinge aus dem Bastelgeschäft.)

Wichtige Tipps und Informationen:

Bei einem Bären von etwa 27 cm Körpergröße passen Gelenkscheiben mit folgenden Durchmessern:

Kopf = 40 mm,
Arme = 30 mm,
Beine = 35 mm.

Im Zweifelsfall die Scheiben etwas kleiner wählen.

Gelenkscheiben gibt es immer im Set. Sie bestehen aus Hartkarton mit Metallsplinten oder aus Kunststoff mit Schäften zum Zusammenstecken. Wegen der einfacheren Handhabung sind Kunststoffgelenke vorzuziehen, allerdings

lassen sie sich nicht mehr voneinander lösen, wenn sie erst einmal verbunden sind. Beim Kauf der Gelenke vorsichtshalber die fertig gefilzten Arme und Beine mit in das Bastelgeschäft nehmen und sich beraten lassen.

Damit z. B. nicht ein Arm dicker gefilzt wird als der andere, legen wir uns die entsprechenden Wollmengen in Portionen zurecht.

Anhaltswerte:

Kopf mit Ohren: ca. 20 g, Rumpf: ca. 30 g, *beide* Arme zusammen: ca. 15 g, beide Beine zusammen ca. 25 g.

Und nun kann es losgehen:

Nach den Schnitten die Teile aus Karton ausschneiden.

Aus der orangefarbenen bzw. beigen Wolle
eine Platte *leicht* filzen (ca. 4 mm dick). Daraus
werden die ovalen Fußsohlen, Tatzen- und Ohreninnenseiten ausgeschnitten (siehe Skizzen).

Diese Teile einmal ganz in warmes Wasser
tauchen und an den entsprechenden Stellen
auf die Pappformen legen. Durch die Nässe
bleiben sie recht gut haften.

Die durchnässten Fußsohlen einmal längs fal-
ten und unten um die Fußschablone drücken.

Achtung! Beide Ohren entstehen aus einer
Schablone. Sie wird nach abgeschlossener
Filzarbeit einfach durchgeschnitten.

Die fellfarbene Wolle gleichmäßig und lückenlos auf den Schablonen verteilen. Darauf
achten, dass die orangefarbenen Teile darunter
nicht verrutschen.

Die Wolle immer in dünnen Schichten aufbringen, jede Schicht mit warmem Wasser
durchfeuchten, mit satt eingeseiften Händen
andrücken und gut um die Pappe formen.

Alle Teile nacheinander filzen, die Reihen-
folge ist egal, bis man mit der Stabilität des
Filzes zufrieden ist.

Die Teile, mit Ausnahme des Kopfes, alle
gleich lang und intensiv bearbeiten.

Der Kopf wird nicht ganz so lange und kräftig gefilzt. Er sollte jetzt noch etwas weicher
sein, weil wir ihn mit Hilfe eines rundlichen
Gegenstandes später endgültig ausformen.

Zum Entfernen der Pappe und zum Stopfen

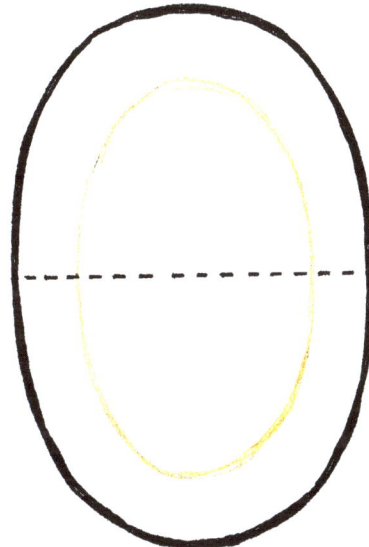

Ohren 1x

Ohren-Innenseiten
1x für beide Ohren

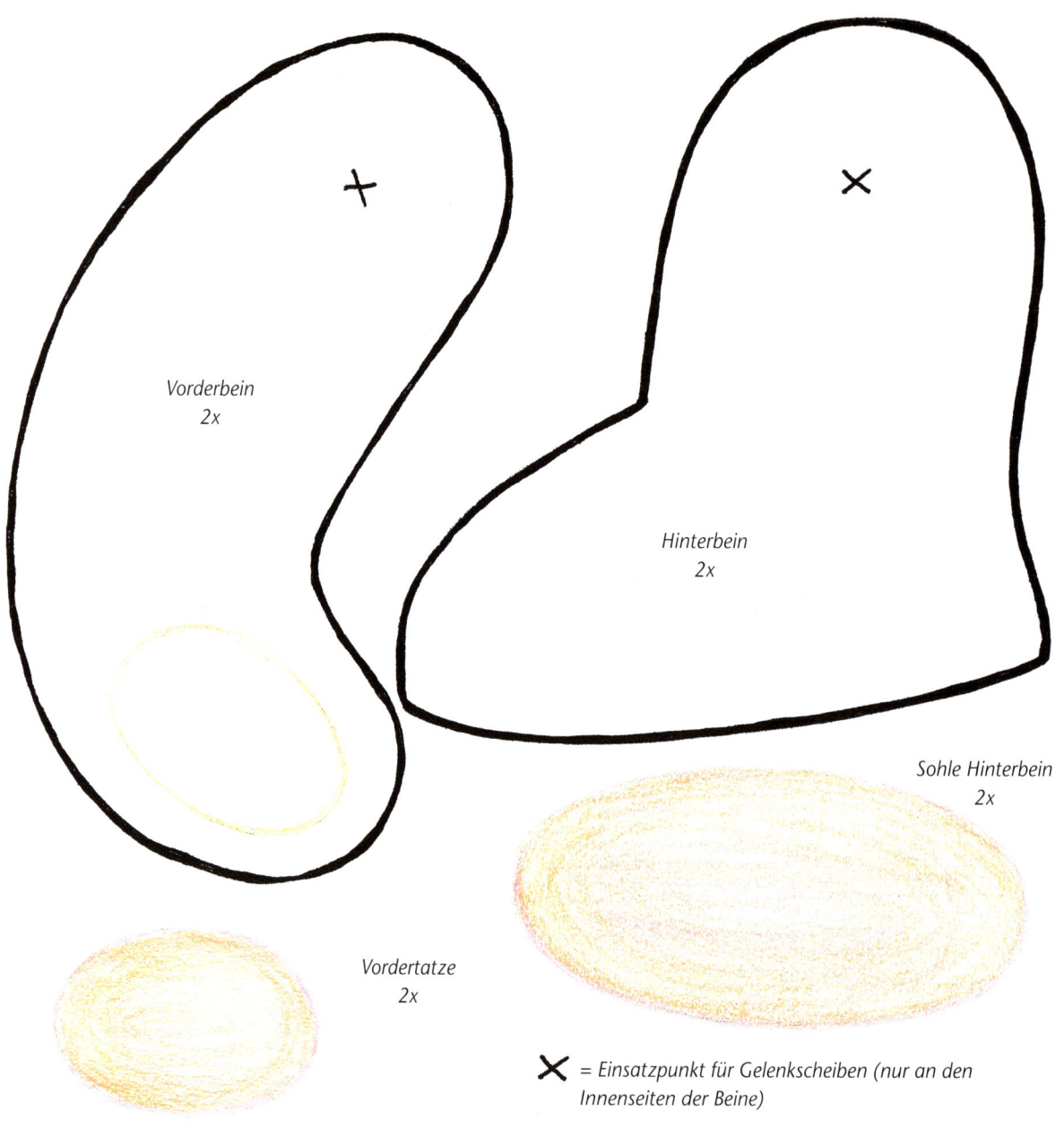

Vorderbein
2x

Hinterbein
2x

Sohle Hinterbein
2x

Vordertatze
2x

✖ = Einsatzpunkt für Gelenkscheiben (nur an den Innenseiten der Beine)

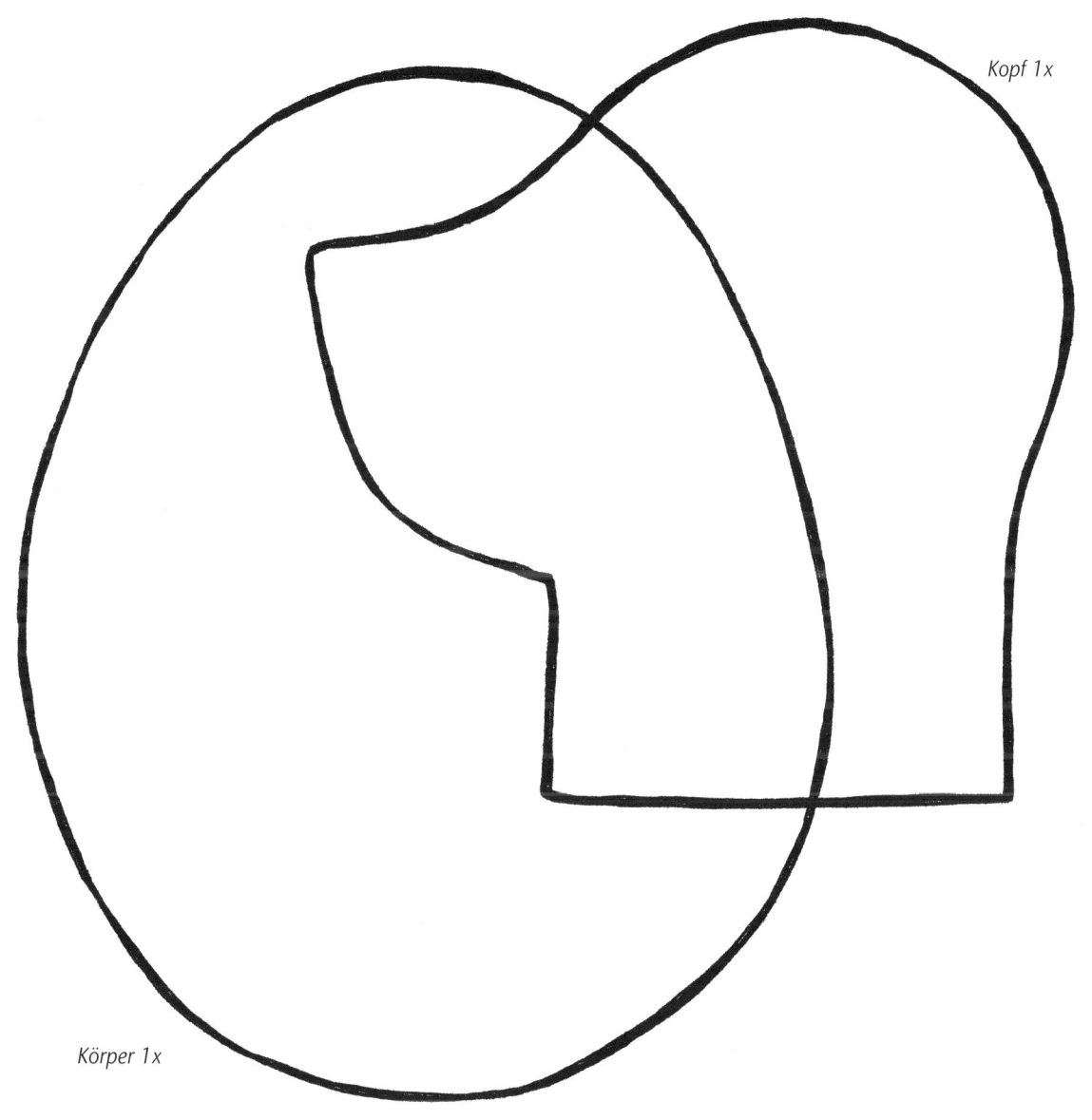

Kopf 1x

Körper 1x

75

werden die Teile aufgeschnitten: Am Rücken ca. 7 cm, Rückseiten der Arme ca. 4 cm, Rückseiten der Beine ca. 5 cm, Hals an der unteren Schablonenkante entlang ganz aufschneiden, Ohroval mitten durchschneiden.

Alle Teile umkrempeln.

Prüfen, ob die Ovale der Tatzen und Ohren gut angefilzt sind, hier in jedem Fall noch ein wenig nachfilzen.

Der Kopf wird unbedingt über einem rundlichen oder ovalen Gegenstand ausgeformt. Das kann ein kleiner Ball, ein großes Stopfei oder etwas Ähnliches sein, was sich im Haus findet. Der Kopf des abgebildeten hellgrauen Bären wurde z. B. über einer Zitrone ausgeformt. Manchmal muss er noch, besonders an den Bäckchen und am Hinterkopf, etwas aufgebaut werden. Hier also dünne Wolllagen sanft auffilzen. Bedenken, dass sie sich nur dann zuverlässig mit dem Untergrund verbinden, wenn der Kopf insgesamt noch nicht zu stark gefilzt wurde!

Zum Ausformen den runden Gegenstand in die vorgefilzte Hülle schieben, den Kopf einseifen und sanft massieren. Die Nase streicheln und in die gewünschte Form bringen. Oft verengt sich durch das Filzen der Halsschlitz, sodass man den Ball oder dergleichen nicht mehr herausbekommt. In diesem Fall die Halsrückseite zusätzlich einige Zentimeter aufschneiden, vor dem Stopfen wieder zunähen!

Den fertigen Kopf gut spülen und trocknen lassen.

Aus der Füllwolle (insgesamt ca. 100 g) wieder 6 Portionen nach Augenmaß zurechtlegen.

Zuerst nur den Kopf mit dem dafür vorgesehenen Pensum stopfen, darauf achten, dass auch die Nase gut gefüllt wird.

Einen stabilen, doppelten Faden einfädeln. Die Halsöffnung rundherum mit Reihstichen versehen.

Die größte Kunststoff-Gelenkscheibe mit Schaft nach außen in die Öffnung schieben. Gegen die Füllwolle drücken. Den Reihfaden fest anziehen, bis die Scheibe ganz verschwunden und die Halsöffnung vollständig geschlossen ist. Faden gut vernähen, Kopf vorerst beiseite legen.

An den Innenseiten der Oberarme und Oberschenkel ein Loch bohren (Durchmesser entspricht ungefähr dem des Schaftes der Gelenkscheibe). Position des Lochs der Skizze entnehmen.

In Arme und Beine *vor dem Stopfen* die Gelenkscheiben einsetzen. Die Schäfte ragen nach außen.

Achtung! Nicht versehentlich zwei linke bzw. rechte Arme herstellen. Die orangefarbenen Pfoten-Innenseiten müssen später zum Körper zeigen, die herausragenden Schäfte ebenso.

Arme und Beine stopfen, die Fuß- und Pfotenspitzen dabei besonders beachten. Auch die Bereiche um die Gelenkscheiben gut füllen.

Alle Nähte mit kleinen Stichen und stabilem Faden schließen.

Am noch nicht gefüllten Rumpf ausprobieren, wo Arme und Beine am besten ange-

Alle Schablonenteile mit ausgeschnittenen rosa Ovalen (Vorfilz)

1. Ohrschablone, die später durchgeschnitten wird und beide Ohren bildet
2. Abgewogene Wollmenge für den Kopf
3. Abgewogene Wollmenge für zwei Vorderbeine
4. Abgewogene Wollmenge für den Rumpf
5. Abgewogene Wollmenge für beide Hinterbeine
6. Ovale durchnässen und um die Schablonen drücken

setzt werden sollten. Dort Löcher in den Filz bohren, z. B. mit einer Nagelschere.

Arme und Beine einsetzen. Die Schäfte der Gelenkscheiben ragen nun in den Bärenkörper hinein.

Vorsichtshalber noch einmal schauen, ob Arme und Beine richtig und jeweils auf gleicher Höhe sitzen. Dazu die Gliedmaßen bewegen, den halbfertigen Bären von allen Seiten begutachten und auch einmal hinsetzen. Falls nötig, neue Löcher bohren. Sind die Gelenkscheiben erst einmal zusammengesteckt, ist es zu spät für Korrekturen!

Wenn man endlich zufrieden ist, die Gegenscheiben von der Körperinnenseite aus aufstecken, bis Arme und Beine ganz fest sitzen, sich aber «wie geschmiert» bewegen lassen.

Zwischen den Schultern den Punkt festlegen, an dem der Schaft des Kopfes eingesetzt wird.

Gegenscheibe aufstecken, wie bei Armen und Beinen beschrieben.

Körper mit der restlichen Wolle ausstopfen, Rückennaht schließen.

Alle Nähte werden unauffälliger, wenn man sie am fertigen Bären noch einmal nachfilzt.

Ohren ansetzen: Ohren nicht zu weit in die Stirn schieben und nicht zu dicht nebeneinander setzen. Mit vielen kleinen, festen Stichen rundherum annähen. Dabei leicht rund formen wie ein kleines «Schüsselchen».

Nase mit waagerechten, eng aneinander liegenden Plattstichen aufsticken.

Ein freundlicher Gesichtsausdruck mit einem lächelnden Mund entsteht, wenn man unter der fertigen Nase zunächst einen senkrechten Stich anbringt, anschließend rechts und links davon zwei weitere Stiche in leichtem Winkel nach oben stickt.

Augen einsetzen: Sitz der Augen mit zwei dunklen Glaskopf-Stecknadeln ausprobieren. Die beste Position ist meistens die Linie, in der der Nasenrücken in die Stirn übergeht. Auf keinen Fall die Augen zu hoch auf der Stirn anbringen.

Sind die Punkte festgelegt, mit einer dicken Stricknadel dort je ein Loch in den Filz bohren.

Den reißfesten Spezialfaden doppelt nehmen, in die Puppenkopfnadel fädeln und am Nacken, möglichst unsichtbar, nahe am Halsgelenk einstechen. Faden einige Zentimeter hängen lassen.

Quer durch den Kopf fahren und haargenau an dem Loch herauskommen, das vorher mit der Stricknadel gebohrt wurde. Durch die Öse des Auges fahren, wieder genau in das Loch zurückstechen und den gleichen Weg durch den Körper zurückgehen.

Im Nacken die beiden Fadenenden fest anziehen. Dabei muss die Öse des Auges vollständig im Filz verschwinden. So fest anziehen, dass das Auge absolut fest sitzt und wie in einer kleinen Mulde liegt. Fäden mit mehreren Knoten sichern und zusätzlich vernähen.

Für das zweite Auge einen neuen Faden verwenden und wie beschrieben arbeiten.

Zum Schluss Augenbrauen und Krallen mit Spannstichen sticken.

Spiegeleier
für Puppenküche und Bären-Picknick

Wenig weiße Wolle auf der Handfläche filzen (Eiweiß). Dottergelbe Wolle zu einem kleinen weichen Kügelchen filzen (Eigelb).

Das «Eigelb» mit 2 – 3 Stichen mitten auf das «Eiweiß» heften, damit es nicht verrutscht.

Zwischen den Handflächen noch ein paar Minuten weiterfilzen. Falls gewünscht, das Eiweiß am Rand beschneiden und kurz nachfilzen, fertig!

Musik-Fisch
(Hohlfilz, Filzfläche)

Material:
Ca. 30 g Wolle in Blau oder Dunkel-
violett, dazu einige bunte Strähnchen
zur Gestaltung des Gesichts und
Fischschwanzes; ca. 10 g Wolle in
verschiedenen Farben zum Filzen der
Flächen oder Flecken, aus denen die
Schuppen ausgeschnitten werden,
sie sollten sich farblich gut vom Blau
oder Violett abheben; ca. 40 g Wolle
zum Füllen; Pappe; Nadel und Faden,
Spieluhrgehäuse mit Zugschnur (Bas-
tel- oder Spielzeugladen).

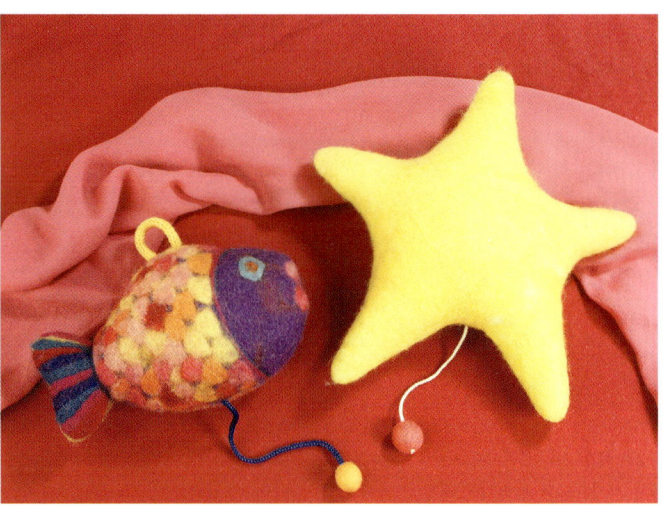

Die Spieluhr am besten zuerst besorgen, um
sie ggf. dem Fisch anpassen zu können.

Fischform nach der Skizze ausschneiden.
Aus den bunten Filzflecken einen Vorrat an
Schuppen ausschneiden.

Schwanz:
Langfaserige Wollsträhnchen durchnässen und
im Streifenmuster auf die Pappform drücken.
Schwanz vom Körper absetzen, indem man
ein nasses Strähnchen am Übergang um die
Pappe wickelt.

Gesicht:
Lippen aus durchnässten, nicht zu dünnen,
roten Flusen auflegen. Ein nasses Strähnchen
um den Zeigefinger wickeln, sodass ein Ring
entsteht, das ergibt das Auge. Augenmitte mit
andersfarbiger Wolle auslegen. Kopf vom Körper abheben wie «Schwanz».

Eine Körperseite mit den durchnässten
Schuppen sorgfältig belegen.

Eine Schicht blauer oder violetter Wolle über
den ganzen Fisch ausbreiten, durchnässen, mit
seifigen Händen vorsichtig auffilzen.

Sobald sich die Schuppen leicht mit der
Wollschicht verbunden haben, die Schablone
umwenden.

Andere Seite ebenso ausgestalten, erst dann
die überhängende Wolle der ersten Seite um
die Kanten ziehen.

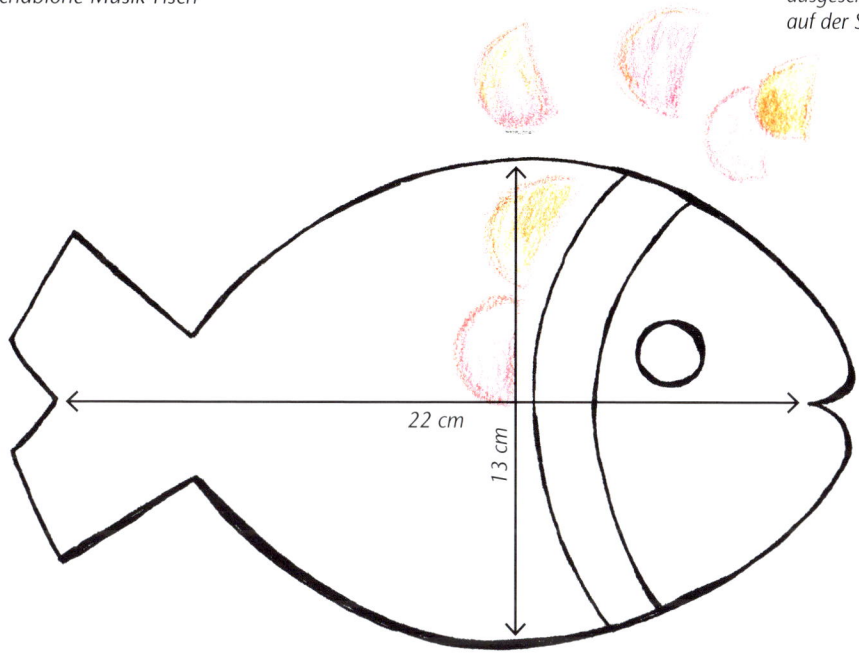

22 cm

13 cm

Neue Wollschicht darüber, usw.

Den vollständig und gleichmäßig einge-packten Fisch ausgiebig filzen, dabei immer wieder um die Form herumfahren, damit die Schuppen nicht über den Rand rutschen.

Unten am Bauch aufschneiden, nur so weit, dass die Spieluhr hineinpasst, umkrempeln.

Die Vorderseite nachfilzen. In die Form hineinfahren und Lippen und Schwanz aus-formen.

Alles Weitere wie beim «Musik-Stern» be-schrieben.

Zum Verkleiden

Nicht nur zur Faschingszeit ist Verkleiden angesagt – obwohl unsere Tier-Kappen besonders im kalten Februar den Kopf schön warm halten – Kinder schlüpfen das ganze Jahr über gern einmal in eine andere Haut. Stellvertretend für alle möglichen Tiere stehen hier Jagdhund, Hase und Gockelhahn. Die Grund-

kappen haben dieselbe Form und den gleichen Materialverbrauch. Durch entsprechende Farben, verschiedene, typische Ohren usw. kann jeder sein Lieblingstier gestalten. Skizzieren und Ausprobieren lohnt sich!

Jagdhund

(Hohlfilz, Filzfläche)

Material:
Insgesamt ca. 90 g dunkelbraune Wolle (50 g Kappe, 40 g *beide* Ohren), Nadel und Faden.

Nach der Skizze die Kappen-Schablone aus Pappe ausschneiden.
   50 g Wolle in Schichten verteilen, filzen.

Unten aufschneiden, Schablone entfernen und umkrempeln.
   Die Kappe ist jetzt noch viel zu groß, daher wird sie von allen Seiten gut weitergefilzt und über einem Waschbrett gewalkt. Die früheren Kanten besonders beachten. Haben sich hier Wülste gebildet, müssen sie wegmassiert werden.
   Kappe dem Kopf anpassen, dazu eine Bademütze aufziehen, Kappe am Kopf weitermassieren, bis sie passt!
   Ausspülen und ausdrücken.

Ohren:
Aus ca. 40 g Wolle eine Filzplatte herstellen. Sie sollte zum Schluss ca. 4 mm dick sein, aber

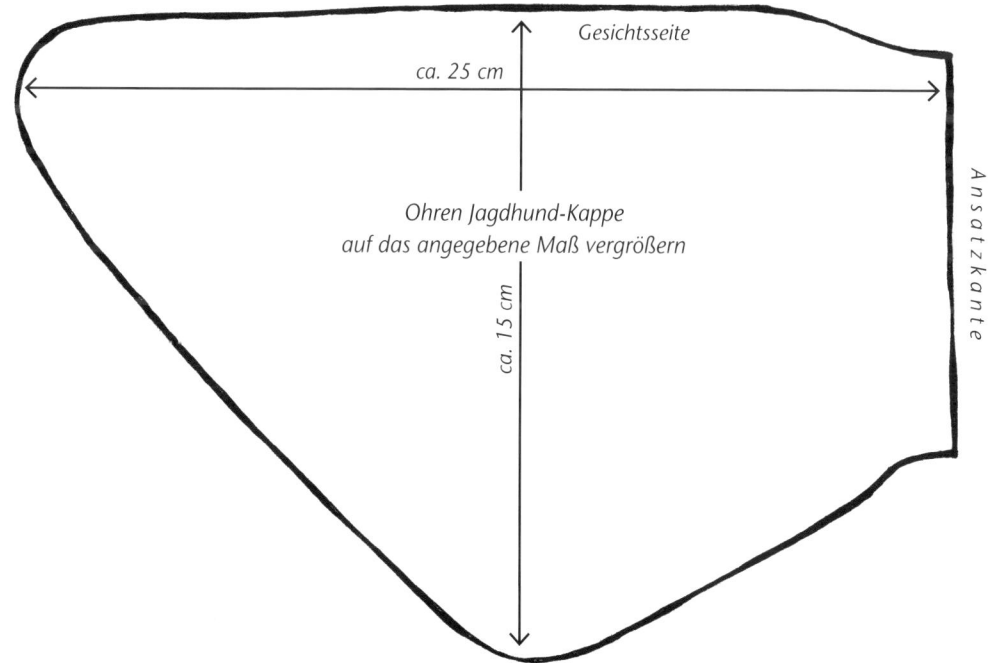

Gesichtsseite

ca. 25 cm

Ohren Jagdhund-Kappe
auf das angegebene Maß vergrößern

ca. 15 cm

Ansatzkante

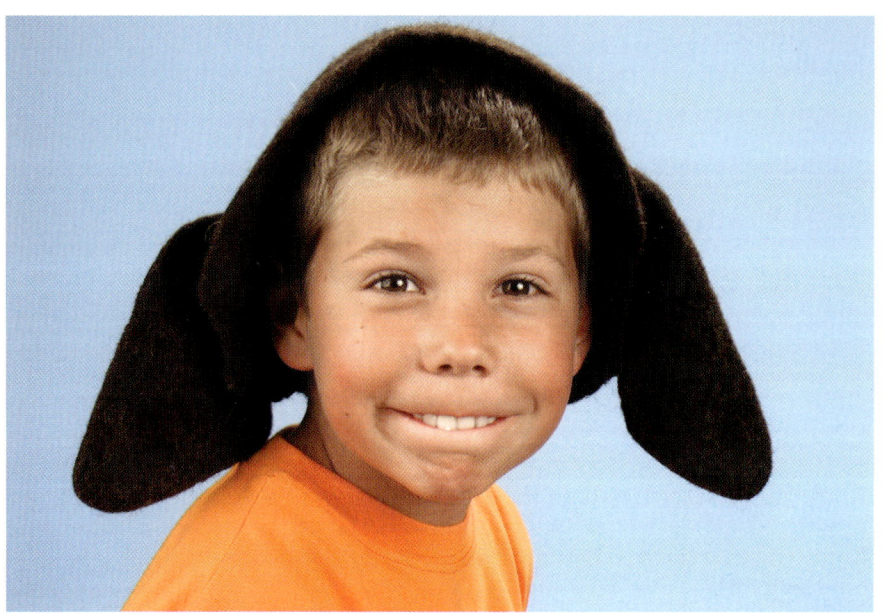

nur so groß, dass beide Ohren daraus ausgeschnitten werden können, ohne dass zu viel Abfall entsteht.

Nach der Skizze Ohren ganz exakt ausschneiden, Schnittkanten nachfilzen, ausspülen.

Kappe aufsetzen, Position der Ohren festlegen.

Ohren so ansetzen, dass sie nicht flach anliegen sondern einen kleinen Schwung bekommen. Dazu hochklappen und von der Unterseite aus gegen die Kappe nähen. Hier kann man noch einen kleinen Wollflecken auffilzen, auch um die Naht zu verdecken. Verbindet sich der neue Flecken nicht gut genug mit dem Untergrund, mit ein paar Stichen fixieren, nachfilzen!

Wer möchte, kann noch einen Hundeschwanz filzen und zum Umbinden eine Schnur daran befestigen. Die Kinder-Nase wird nach Wunsch braun geschminkt!

Hase
(Hohlfilz, eingefilzter Draht, locker gefilztes Bällchen)

Material:
Insgesamt 125 g weiße Wolle (50 g Kappe, 60 g *beide* Ohren, 15 g Hasenschwänzchen); rosa Wolle (Ohreninnenseiten); Pappe; Nadel und Faden; weißen Veloursdraht (oder Biegeplüsch aus dem Bastelfachgeschäft). Pro Ohr benötigen wir ein 70 – 80 cm langes Stück Veloursdraht. Da die Stücke in der Regel nur 50 cm lang sind, müssen wir zwei an den Enden miteinander verdrehen.

Herstellung der Kappe wie «Jagdhund».

Für die Ohren zwei gleiche Schablonen (Skizze) herstellen.

Aus der rosa Wolle eine leichte Filzfläche herstellen und daraus zwei Streifen, 30 cm lang, 6 cm breit, ausschneiden, oben abrunden.

Die rosa Teile durchnässen und auf die Ohren-Schablonen legen.

Die weiße Wolle schichtweise aufbringen, filzen.

Anbringen der Drähte: Drähte der Ohrenform genau anpassen und mit vielen Stichen um die gesamte, gut gefilzte Ohrenkante hef-

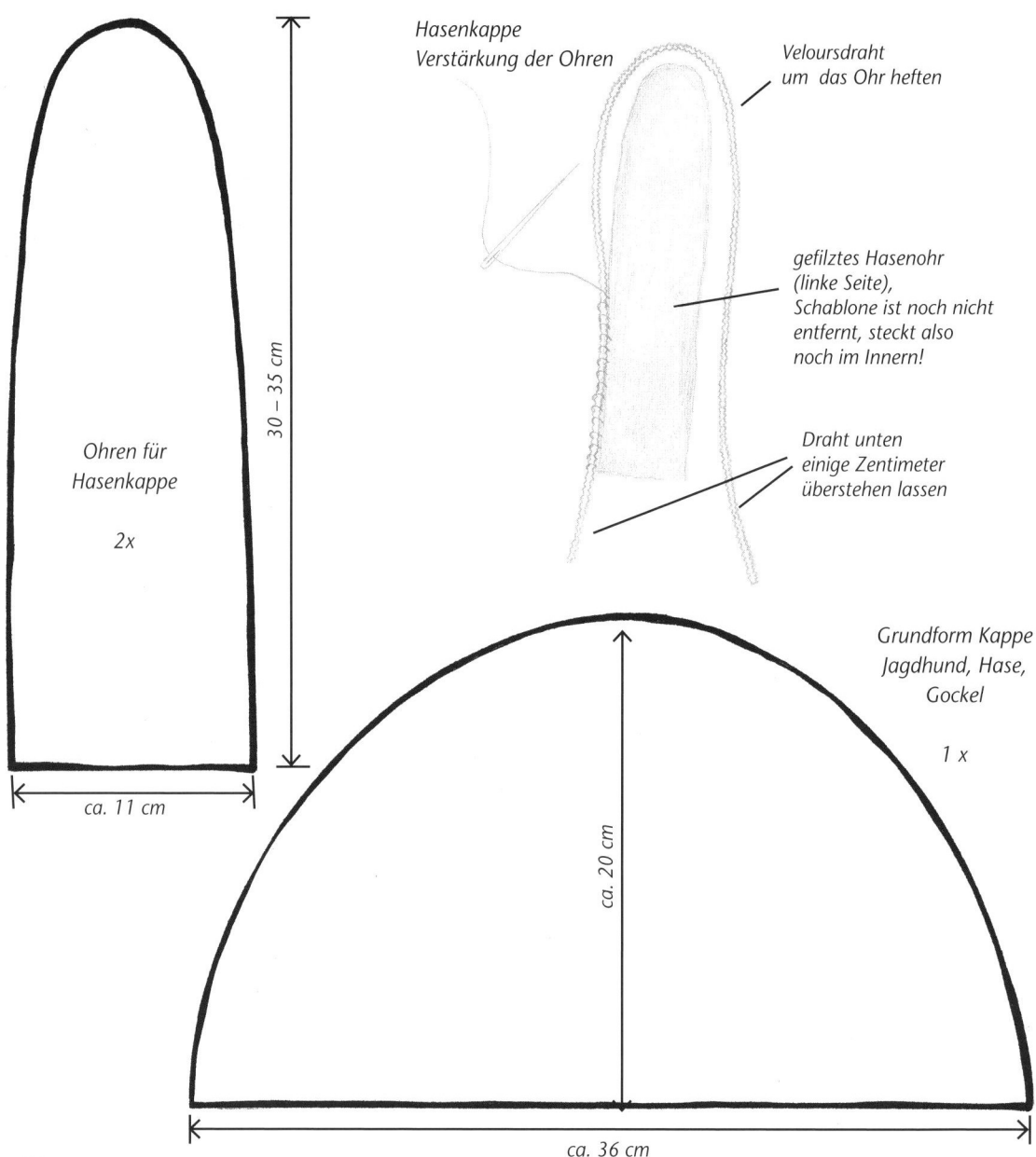

Ohren für
Hasenkappe

2x

ca. 11 cm

30 – 35 cm

Hasenkappe
Verstärkung der Ohren

Veloursdraht
um das Ohr heften

gefilztes Hasenohr
(linke Seite),
Schablone ist noch nicht
entfernt, steckt also
noch im Innern!

Draht unten
einige Zentimeter
überstehen lassen

Grundform Kappe
Jagdhund, Hase,
Gockel

1 x

ca. 20 cm

ca. 36 cm

ten. Unten sollten die Drähte links und rechts ein paar Zentimeter herausschauen.

Pappe erst jetzt entfernen, Ohr vorsichtig umkrempeln, gut glatt streichen. Der Draht liegt nun im Inneren und gibt dem Ohr Stabilität. So können wir es später in alle möglichen Positionen biegen.

Außenseite mit dem nun sichtbaren rosa Teil weiterfilzen. Dabei verbinden sich die Innenseiten zusätzlich.

Kappe aufsetzen, Position der Ohren festlegen und markieren.

Sind die Ohren zu lang, etwas kürzen! Unten zusammenfalten, sodass ein kleines Dreieck entsteht.

In die Kappe an den markierten Stellen ein entsprechendes kleines Dreieck schneiden, Ohren hineinschieben und annähen. Die nach innen ragenden Drähte umbiegen und anheften. Ohren, evtl. auch von außen, rundherum an die Kappe nähen, Nahtstellen nachfilzen.

Schwänzchen:

Aus ca. 15 g Wolle einen runden Bausch formen, in warmes Wasser tauchen und zwischen den seifigen Händen ganz leicht filzen. Später mit einer Sicherheitsnadel an die Hose stecken oder ein Band anbringen.

Nach Wunsch Näschen rosa anmalen, Hasenzähne aus dem Spielwarenladen einsetzen.

Möhre filzen (siehe «Filzgemüse» Seite 33) und dem großen Häschen umhängen.

Gockelhahn
(Hohlfilz, Filzschnur, modellierter Filz)

Material:
50 g rotbraune Wolle (Kappe); einige bunte Wollflusen (Federzeichnung); knapp 50 g rote Wolle (Kamm); knapp 20 g gelbe Wolle und ein langfaseriges, dunkelbraunes Strähnchen (Schnabel); Pappe für die Schablonen; Nadel und Faden.

Herstellung der Kappe:
Auf der Schablone (wie Jagdhund und Hase) die bunten Flusen verteilen. Zuvor formt man sie wie Federn und taucht sie kurz in warmes Wasser.

Rotbraune Wolle darüber verteilen, alles Weitere wie «Jagdhund».

Kamm:
Aus roter Wolle eine dicke Schnur filzen, ca. 120 cm lang.

An der Scheitellinie entlang durchgehend in Bögen an die Kappe nähen, so entsteht der Unterbau des Kamms.

Über jeden Bogen etwas rote Wolle schmiegen, zwischen den Fingern und Handflächen filzen. Die Kappe steht dabei auf einem dicken Frotteetuch.

Sollten zwischen Kamm und Kappe Spalten entstanden sein, hier mit kleinen Stichen beidseitig annähen, nachfilzen!

Schnabel:

Die dünne, dunkelbraune, durchnässte Woll-strähne genau über die Spitze der Schablone ziehen, sie markiert die Schnabel-Öffnung!

Gelbe Wolle schichtweise verteilen, filzen! Achtung: Der braune Streifen darf dabei nicht verrutschen. An der Breitseite aufschneiden, Pappe entfernen, umkrempeln, weiterfilzen.

Schnabel so hinlegen, dass die braune Linie nun seitlich liegt, weiterfilzen.

Schnabel dem Gesicht anpassen, besonders an der Nase. Schnittkanten ggf. kurz nach-filzen. – Schnabel in Form knicken, trocknen lassen.

Nasenlöcher mit angefeuchtetem Farbstift andeuten

Bänder zum Umbinden anbringen.

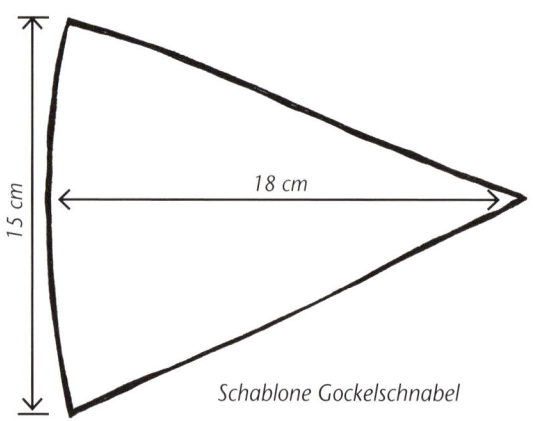

15 cm

18 cm

Schablone Gockelschnabel

Buchempfehlungen

Charlotte Buch, *Filz für Bekleidungszwecke*, 1999.

Mary E. Burkett, *Die Kunst des Filzens*. 1997.

Monika und Jürgen Fergg, *Filz und Form. Spielerisches Gestalten mit Fläche, Ball und Schnur*. 1999.

Maria Karl und Andrea Karl-Schurian, *Filzen und Färben für jedermann*. 1996.

Brigitte Krag Hansen, *Skulpturel*. 1999.

–, *Filzen für Einsteiger. Von der Wolle zum fertigen Objekt*. 1998.

Marlene Lang, *Filzkunst. Tradition und Experiment*. 2001.

Mari Nagy und István Vidák, *Filzpalette*. 1999.

–, *Filzspielzeug*. 1997.

Gunilla Pateau-Sjöberg, *Filzen. Alte Tradition, modernes Handwerk*. 1995.

Rotraud Reinhard, *Filzen von Tieren und Figuren*. 2001.

Angelika Wolk-Gerche, *Filzen für groß und klein. Schönes und Nützliches aus Wolle*. 1996.

Bezugsquellen

Die Wollfabrik, Gert Huppertz
Lürriper Straße 373, 41065 Mönchengladbach
www.die-wollfabrik.com

Wollspinnerei Walter Vetsch
CH-7231 Pragg-Jeanz

Wollwarenerzeugung Willi Huber
A-5571 Mariapfarr

Schafwollkämmerei Gerhard Eischer
Adlerstraße 1, 91580 Petersaurach
www.petersaurach.de/eischer

Wollwerkstatt Wollknoll Sonja Fritz
Forsthausstraße 7, 74420 Oberrot-Neuhausen
www.wollknoll.de

Friedrich Traub
Schorndorfer Straße 18, 73650 Winterbach
www.traub-wolle.de

Naturfasern Seehawer & Siebert
Heuberger Hof 1, 72108 Rottenburg
www.naturfasern.de

Filzrausch Frieder Glatzer
Hagenweg 2 b, 37081 Göttingen
www.filzrausch.de